La loi de l'attraction
en toute simplicité

© 2025, Éditions Good Mood Dealer *by* Exergue, une marque du groupe Guy Trédaniel.

Illustrations : © Istock : p. 114 : About time ; p. 134 : melazerg ; p. 135 : bortonia, LNM, Kharom Pleedee, lushik ; p. 137 : leamsign studio, Elico-Gaia, LNM, Grace Maina.
Maquette et mise en pages : Marie Brosseau — PCA-CMB.

ISBN : 978-2-38578-093-7

Tous droits de reproduction, traduction ou adaptation réservés pour tous pays.

www.editions-tredaniel.com
info@guytredaniel.fr
www.facebook.com/tredanieleso
@tredaniel_eso

SINDY BOTUHA
@eveil_spirituel

La loi de l'attraction
en toute simplicité

27, rue des Grands-Augustins
75006 Paris

SOMMAIRE

Avertissement 7
Introduction 9

Partie I
L'ORIGINE ET LES CONCEPTS-CLÉS DE LA LOI DE L'ATTRACTION

La base de la loi de l'attraction 21
Les 14 lois universelles 25
   La loi n°1. La Loi de l'unité divine 26
   La loi n° 2. La Loi de la vibration 29
   La loi n° 3. La Loi de l'action 33
   La loi n° 4. La Loi des correspondances 36
   La loi n° 5. La Loi de cause à effet 40
   La loi n° 6. La Loi de compensation 42
   La loi n° 7. La Loi de l'attraction 44
   La loi n° 8. La Loi de transmutation de l'énergie 48
   La loi n° 9. La Loi de la gestation 51
   La loi n° 10. La Loi de la relativité 53
   La loi n° 11. La Loi de la polarité 57
   La loi n° 12. La Loi du rythme 60
   La loi n° 13. La Loi de croyance 62
   La loi n° 14. La Loi du genre 70
   Autres références à la Loi de l'attraction 75

La physique quantique 83
Le *mindset* 95

Partie 2
LES TECHNIQUES POUR BIEN UTILISER LA LOI DE L'ATTRACTION AU QUOTIDIEN

Quels sont tes objectifs ? 101
Alors, concrètement, comment cela se passe-t-il ?
C'est très simple 111
Les différentes techniques de manifestation 119
Les routines magiques de manifestation : c'est parti ! ... 151
Comment lâcher prise ? 189
Questions-réponses 195

Conclusion 209
Remerciements 213
Médiagraphie additionnelle 215

AVERTISSEMENT

Ce que tu vas lire dans ce livre, cher lecteur, est le fruit de plusieurs années de recherches sur la spiritualité et, plus particulièrement, sur le concept appelé Loi de l'attraction. Si je dois être tout à fait honnête avec toi, tu verras que je n'ai rien inventé de nouveau. Tout a déjà été dit et écrit sur ce concept, car il existe depuis toujours et a été dévoilé il y a déjà plusieurs millénaires. Cependant, malgré tous les livres que j'ai pu lire et tous les documentaires que j'ai pu voir sur le sujet, force est de constater que j'ai tout de même mis trois ans à comprendre réellement ce que je devais faire – en pratique – pour bien manifester. Dès lors, je me suis dit qu'il fallait que je fasse un résumé clair et précis de tout ce que je savais afin d'aider mon prochain (toi, donc) à appréhender la notion de Loi de l'attraction sans y passer des lustres. Tu tiens donc le résultat de cette réflexion entre tes mains, et j'espère sincèrement qu'il va t'aider à y voir plus clair et à comprendre les grands principes qui régissent le concept de manifestation.

Ce n'est pas de la magie, c'est une science encore inconnue. Rappelle-toi qu'il y a encore quelques centaines d'années, on croyait que la Terre était le centre de l'Univers (le géocentrisme) ! Il a fallu qu'un certain Nicolas Copernic publie son ouvrage *Des révolutions des orbes célestes* en 1543 pour qu'un nouveau monde voie le jour. Sans aller aussi loin, et dans un domaine plus spirituel, on pourrait parler de l'hypnose ou du reiki[1] qui étaient considérés jusqu'à il y a une dizaine d'années comme du charlatanisme, alors qu'ils ont désormais fait leur entrée dans certains hôpitaux parce que leur efficacité a été prouvée malgré le manque d'explication « scientifique » à ces deux pratiques. On pourrait aussi parler des coupeurs de feu qui sont bien connus des

---

1. https://www.rtbf.be/article/du-reiki-a-l-hopital-pour-offrir-du-bien-etre-aux-patients-atteints-du-cancer-10983220

services de grands brûlés[2] : les médecins font appel à eux parce qu'ils voient les bienfaits sur leurs patients, même s'ils ne s'expliquent pas comment cela peut fonctionner !

Ce que je veux que tu comprennes, c'est que ton expérience est la preuve la plus importante de toutes. Si quelque chose fonctionne pour toi : garde-le. Si ça ne fonctionne pas : explore d'autres possibilités, mais garde ton esprit critique et ton libre arbitre en toute chose. Ne te laisse pas influencer par d'autres personnes, pas même par ce livre, et fais tes propres recherches. De nos jours, l'information est accessible à tous, partout dans le monde ; tu peux donc trouver toutes les réponses à tes questions sans même avoir à sortir de chez toi.

Pour finir, je te dirai simplement que ce livre n'est pas un remède miracle, mais le moyen d'entrer en connexion avec quelque chose de plus grand que toi : une énergie divine et universelle qui t'a donné la vie et qui veille sur toi à chaque instant. Si ce livre résonne en toi, appliques-en les principes. Si ce n'est pas le cas, continue à chercher tes propres réponses et reste ouvert aux possibilités.

---

2. https://nouvelle-page-sante.com/les-coupeurs-de-feu-de-la-legende-aux-services-hospitaliers/

INTRODUCTION

Coucou toi, ma belle âme éveillée qui as décidé de prendre ta vie en main grâce à la Loi de l'attraction !

Alors, tout d'abord, soyons clairs : la Loi de l'attraction s'adresse à tout le monde, à tout âge, et dans n'importe quelles circonstances ! Peu importe ce que tu as vécu par le passé, tu as le droit de vivre une vie inspirante et pleine de joie dès aujourd'hui.

Pour te raconter mon parcours, je vais essayer de faire simple. Dans mon enfance, je n'ai jamais manqué de rien : ni d'amour, ni de biens matériels. Je n'ai jamais eu de gros problèmes de santé, et même ma scolarité était excellente. J'étais un peu l'enfant modèle qui ne faisait jamais de vagues, qui ne manquait jamais de respect à personne et qui était la plupart du temps dans son monde (lève la main si toi aussi tu étais tout le temps dans la lune)...

Si tu devais utiliser trois mots pour décrire ton parcours sur terre jusqu'à aujourd'hui, lesquels utiliserais-tu ?

....

À l'adolescence, j'ai eu beaucoup de mal à trouver ma personnalité et mon caractère, et cela s'est finalement traduit par un manque de confiance en moi et d'amour-propre assez important. À mon entrée dans l'âge adulte, je me suis mariée très jeune et je suis partie vivre en Espagne. La belle vie, me diras-tu... Le seul petit problème c'est qu'il s'est avéré que cette relation était totalement toxique ! J'ai alors vécu un joli trou noir dans ma vie personnelle et spirituelle pendant plus de dix-sept ans.

Oui, tu as bien entendu : dix-sept ans !

Pendant toutes ces années, j'ai parfois ressenti cet appel de la spiritualité, mais j'étais tellement mal dans ma relation que j'étais incapable de voir que j'avais les clés pour m'en sortir et pour reprendre ma vie en main.

Il m'a fallu un gros coup de pied dans les fesses de la part de l'Univers, à mes 36 ans, pour enfin comprendre que je ne pouvais pas rester dans cette situation. J'ai alors divorcé, et j'ai décidé de me reconstruire.

À la même époque, je suis tombée dans la marmite de la spiritualité. Je m'en souviens encore : c'était un soir d'été, il faisait chaud et nous avions bu quelques verres entre amis. Tout à coup, les langues se sont déliées et tout le monde s'est mis à raconter des histoires paranormales… Alors que nous parlions de la vie, de la mort et de possibles entités, je me suis laissée emporter par l'ambiance mystique de la soirée, et j'ai senti quelque chose (re)naître en moi. Le lendemain, je me suis mise à chercher des documentaires et des preuves de tout cela sur Internet.

Et c'est là qu'un nouveau monde s'est ouvert devant moi. Jusque-là je n'avais jamais pensé qu'il existait autant d'informations sur la spiritualité, et pourtant tout était là, disponible gratuitement devant mes yeux ébahis ! Je me suis alors mise à étudier la spiritualité en passant par la lithothérapie, le reiki, les expériences de mort imminente, les histoires de fantômes, la sorcellerie, l'astrologie, la cartomancie, et j'en passe… J'ai visionné des centaines de documentaires et de témoignages en tout genre pendant deux années entières.

Quels étaient tes rêves quand tu étais petit ?

....

....

....

À l'époque je travaillais dans une grande multinationale. J'avais un travail de responsable et le salaire était plutôt confortable, et même si mon job ne me plaisait plus autant qu'au début, comme j'avais deux enfants à charge, je ne me voyais pas du tout le quitter sur un coup de tête. Cependant, après avoir autant étudié le monde de la spiritualité, je ne me sentais plus en accord avec ce que je faisais : j'avais envie de changement mais je me sentais coincée dans un poste qui ne me correspondait plus.

Lors de mes recherches, j'avais entendu parler de la Loi de l'attraction. Ce sujet en particulier me fascinait, mais je ne parvenais pas à comprendre comment je devais le mettre en œuvre dans ma vie. J'avais vu des dizaines de documentaires et j'avais lu plusieurs livres sur le sujet. Je connaissais le principe de base. Pourtant, au moment de l'appliquer, je ne savais jamais par où commencer. En fait, il me manquait le « comment ». J'avais compris qu'il suffisait de vouloir quelque chose pour l'attirer à moi, mais je ne savais pas comment faire. Alors, j'ai continué à étudier ce sujet en particulier.

J'ai lu tous les livres que tu as probablement lus toi aussi avant de tomber sur celui-ci, et malgré cela il me manquait toujours une information cruciale...

« OK, j'ai compris, donc si je veux changer de job, je dois le demander à l'Univers, c'est bien ça ? Mais genre, je lui demande comment ? Allô l'Univers, est-ce que tu pourrais m'envoyer un job sympa prochainement ? Hey Dieu, j'espère que tu vas bien ! J'aurais bien besoin de changer de boulot, pourrais-tu m'aider, s'il te plaît ? Purée, je comprends rien... »

Oui, j'étais vraiment paumée sur le « comment » ; alors, je me suis mise à regarder en arrière et je me suis rendu compte qu'au cours de ma vie, j'avais déjà réussi à faire fonctionner la Loi de l'attraction sans même m'en apercevoir !

Ma toute première maison, par exemple : j'avais passé des journées entières à imaginer que je la faisais visiter à ma famille alors que je travaillais comme vendeuse dans un grand magasin. Si tu m'avais croisée à l'époque, tu m'aurais vue en train de remplir des rayons de vêtements, mais dans ma tête j'étais en train de faire visiter ma nouvelle maison à mes proches, et j'imaginais la réaction de mes parents et de mes frères et sœurs ! J'y croyais tellement que je me sentais bien, confiante et sereine, comme si j'allais avoir le crédit nécessaire pour acheter cette maison (alors que j'étais encore étudiante et que je ne travaillais qu'à mi-temps) ! Tu sais ce qui s'est finalement passé ? La solution est arrivée le mois suivant : nous avons pu contracter un crédit bancaire grâce à des amis de la famille, et nous avons acheté notre toute première maison à l'âge de 21 ans (eh oui, je t'avais bien dit que je m'étais mariée jeune).

Ma seconde expérience avec la Loi de l'attraction a eu lieu lorsque j'ai fini mes études. J'ai postulé auprès de 83 entreprises. Oui, oui, tu as bien entendu : 83 ! Je m'en souviens encore parce que c'est mon année de naissance (1983). J'avais décidé d'envoyer tous ces CV dans l'espoir d'obtenir un job, mais en réalité une seule entreprise m'intéressait réellement. À l'époque, je ne savais pas du tout ce que je faisais, mais j'étais bel et bien en train d'utiliser la Loi de l'attraction car je passais mon temps à imaginer que cette entreprise m'appelait pour me proposer un entretien. Je te le donne en mille, cher lecteur : c'est cette entreprise qui m'a appelée ! Je n'ai jamais reçu aucun autre appel, et même maintenant, vingt ans plus tard, cela me semble encore étrange... À l'issue de cet entretien, j'ai non seulement été prise dans l'entreprise que je convoitais tant, mais j'ai en plus obtenu un poste de responsable alors que je venais tout juste de finir mes études. La chance me souriait ! Grâce à cette manifestation, j'ai pu commencer une belle carrière dans un groupe qui me plaisait.

Bien des années plus tard, j'ai acheté la maison de mes rêves en plein centre d'Alicante, alors que c'était quasiment mission impossible ! Là encore, en réfléchissant, je me suis rendu compte que j'avais utilisé la Loi de l'attraction sans le savoir, car je me souviens avoir dit à quelqu'un de ma famille (alors que cela faisait plusieurs semaines que je cherchais sans rien trouver) : « Pourtant ça ne doit pas être si compliqué que ça, de trouver une maison avec un terrain dans ce quartier, pour telle somme d'argent ! » J'avais lancé cette phrase avec conviction, et puis j'avais continué mes petites recherches. J'avais des alertes immobilières à droite et à gauche, je passais pas mal de temps à surfer sur Internet pour trouver la maison de mes rêves, et je n'hésitais pas à aller voir les agences pour dénicher la bonne affaire. Et là, moins d'un mois après avoir lancé cette phrase avec ferveur, j'ai reçu une alerte sur mon téléphone pour une maison qui correspondait parfaitement à tous mes critères ! En moins de trois semaines, elle était à moi ! La famille qui la vendait vivait à Madrid et voulait s'en débarrasser au plus vite, je l'ai donc eue pour un prix très inférieur au prix du marché, et ce fut la meilleure affaire de ma vie !

Est-ce que tu poursuis encore tes rêves à l'heure actuelle ?

....

....

Désormais, c'est à ton tour de faire l'exercice. Fais un petit tour dans ton passé et remémore-toi toutes les fois où tu as réussi à obtenir quelque chose grâce à la Loi de l'attraction. Note ce que tu as demandé, puis ce que tu as fait pour l'obtenir. Tu peux aussi écrire le temps que cela a pris pour se manifester, et tous les petits détails qui, selon toi, t'ont aidé dans le processus. N'hésite pas à noter tous tes résultats, même les plus infimes.

....

....

....

....

....

....

....

....

Après m'être rendu compte que j'avais réussi à faire fonctionner la Loi de l'attraction plusieurs fois par le passé, j'ai noté sur un papier les éléments communs à toutes ces manifestations. Souviens-toi : c'était l'époque où je venais de découvrir la spiritualité et où je passais mon temps à l'étudier, comme si je préparais un master… La Loi de l'attraction m'intriguait et je voulais vraiment percer tous ses secrets, alors j'ai fait la liste de tout ce qui avait marché pour moi par le passé : visualisations, émotions, ressentis, ferveur…

Finalement, toutes mes expériences passées avaient un point commun :

J'avais demandé quelque chose à l'Univers, en y croyant réellement et en m'imaginant que cela allait bel et bien se produire.

À partir de là, j'ai commencé à utiliser la Loi de l'attraction consciemment dans ma vie.

Lorsqu'il a fallu vendre cette maison que j'avais achetée quelques années auparavant, j'ai fait un rituel en écrivant: «Je souhaite que cette maison soit vendue pour tant d'argent avant telle date.» Je peux t'assurer, cher lecteur, que cette maison était en vente depuis plusieurs mois et que nous n'avions reçu aucune offre. Mais avant la date que j'avais indiquée par écrit, nous avons reçu l'appel d'un couple intéressé, et la maison s'est bel et bien vendue quelques semaines plus tard!

À la même époque, il a fallu que je déménage, alors je me suis dit que j'allais utiliser la Loi de l'attraction pour trouver mon nouvel appartement. Ni une, ni deux: j'ai fait de la visualisation. Chaque soir, avant de m'endormir, je me voyais en train de faire du yoga dans mon nouveau salon – un salon spacieux et lumineux, dans les tons crème – et j'imaginais que mes enfants pouvaient se baigner dans la piscine en été, et qu'il y avait un grand parc où ils pouvaient jouer chaque soir après l'école. Il devait aussi y avoir trois chambres, et le loyer ne devait pas dépasser une certaine somme. Ah, et j'oublie le plus important! Cet appartement devait être à moins d'un kilomètre de l'école de mes enfants. Il faut savoir que la zone d'Alicante que je convoitais était très prisée, et je savais qu'il serait difficile de trouver la perle rare. Cependant, je suis passée à l'action: j'ai écumé les agences immobilières et les petites annonces, et j'ai sélectionné cinq biens à visiter avec mes enfants. Le premier appartement a été un coup de cœur immédiat! C'était l'appartement de mes rêves, l'appartement de mes visualisations, mais j'ai tout de même visité les quatre autres biens, juste pour être sûre de ne pas me tromper. Cependant il n'y avait aucun doute: le premier appartement était le bon. J'y ai vécu pendant plusieurs années, et c'est un appartement qui m'a permis de me reconstruire, de démarrer une nouvelle vie et qui a été un véritable foyer d'amour pour ma famille et pour moi-même.

Quel est l'événement qui t'a le plus marqué dans ta vie?

Forte de cette expérience, je me suis dit que j'avais enfin percé les secrets de l'Univers et de la Loi de l'attraction.

J'ai continué à écumer Internet à la recherche de nouvelles informations et je suis tombée sur la physique quantique, sur les neurosciences et sur le pouvoir du subconscient dans notre vie. J'ai alors compris que le monde matériel et le monde invisible pouvaient se rejoindre et n'étaient pas contradictoires. C'est là que ma vision de la vie a vraiment changé, et je me suis posé la question fatidique : « Qu'est-ce que je veux faire maintenant ? »

J'aurais pu continuer à travailler dans la multinationale où j'étais depuis plus d'une dizaine d'années tout en ayant une passion pour la spiritualité à côté, mais cela n'était pas suffisant. Je vivais spiritualité, je mangeais spiritualité, je respirais spiritualité et j'incarnais ma spiritualité. Je ne savais pas dans quel domaine je voulais me spécialiser, mais je savais que mon avenir serait étroitement lié au monde de l'énergie, de la magie et de l'invisible.

En quoi cet événement a-t-il changé ta façon de voir le monde ?

....

....

J'ai donc voulu prendre une pause et je me suis mise à visualiser chaque matin, en allant au travail, que c'était mon dernier jour dans cette entreprise. Je laissais les enfants à l'école, je montais dans ma voiture, je mettais de la musique inspirante et j'admirais le paysage en répétant (mentalement ou à voix haute, selon les jours) : « Merci, merci, merci infiniment parce que c'est le dernier jour où je vais travailler dans cette entreprise. » Je faisais cela aussi quand j'arrivais au parking et lorsque je passais le tourniquet à l'entrée. Quand j'allais à la cafétéria pour me préparer un café, je me disais : « Quelle chance j'ai de vivre mon dernier jour dans cette entreprise ! », et je me sentais véritablement sereine et heureuse. Je ressentais beaucoup de gratitude, alors que tout ceci n'était pas encore arrivé !

Il est important, cher lecteur, que tu te souviennes de cela :

> Il ne faut pas le voir pour le croire,
> il faut le croire pour le voir.

Jusqu'à ce jour, tu as appris qu'il fallait réagir aux circonstances de ta vie, mais je vais te confier l'un des plus grands secrets qui puissent changer ton existence : tu n'as pas à réagir aux circonstances de ta vie. Tu dois les créer. Tu dois croire que quelque chose va t'arriver pour que cela t'arrive réellement !

C'est ce qui s'est passé pour moi lorsqu'un beau jour, moins de trois mois après avoir commencé à faire mes visualisations, le directeur général de l'entreprise nous a réunis, mes collègues et moi, pour nous annoncer que la marque pour laquelle je travaillais allait fusionner avec une autre marque de l'entreprise. Cela voulait dire que nous avions deux options : nous pouvions rester dans l'entreprise en changeant de poste (tout en gardant notre catégorie professionnelle et notre salaire), ou bien nous pouvions partir avec des indemnités. J'ai réfléchi pendant plusieurs jours, mais j'avais pris ma décision dès le début : je voulais partir. C'était l'opportunité dont je rêvais depuis des semaines ! Je pouvais décider de sauter de la falaise en prenant un risque, certes, mais un risque mesuré puisque grâce aux indemnités j'allais pouvoir vivre correctement pendant deux ans : c'était le genre d'opportunité qui ne se reproduirait pas si je ne la saisissais pas !

Alors, j'ai pris mon courage à deux mains.

J'ai annoncé la nouvelle à toute ma famille, puis à ma cheffe, et le jour où j'ai signé cet accord j'ai su au plus profond de moi que c'était la meilleure décision de toute ma vie.

Oui, ça me faisait peur.
Oui, c'était un risque.
Mais non, je n'étais pas inquiète pour la suite.

À l'époque, j'avais déjà un compte Instagram au nom d'éveil_spirituel. Je m'en servais pour raconter mes expériences en lien avec la spiritualité et je postais une petite citation inspirante chaque jour, mais je n'avais pas plus de 3 000 abonnés. C'était déjà bien, mais je n'avais jamais gagné d'argent avec ce compte ; je n'avais donc pas d'idée précise sur ce que j'allais faire par la suite.

Alors, j'ai pris mon temps pour trouver des réponses : neuf mois, exactement. Pendant neuf mois j'ai assisté à des conférences, j'ai suivi des formations, j'ai approfondi mes connaissances, et j'ai continué à tester la Loi de l'attraction, à chaque fois avec succès... J'aurais pu rester deux ans au chômage, bien confortablement assise chez moi à ne rien faire, mais j'avais envie de partager ma passion avec le monde et d'aider les gens à comprendre la Loi de l'attraction. J'ai donc lâché ma situation confortable et je me suis lancée à mon compte : je m'en remettais à quelques romans que j'avais écrits ainsi qu'à une master class consacrée à la Loi de l'attraction pour me permettre de vivre. J'étais tellement motivée et confiante que je passais mon temps à créer du contenu, et un beau jour l'une de mes vidéos a explosé : j'ai eu une vague d'abonnés si intense que je suis passée de 4 800 à 30 000 abonnés en moins de trois mois ! Par la même occasion, je suis passée de zéro à plusieurs milliers d'euros de chiffre d'affaires mensuel en moins de trois mois !

Tout s'est passé très vite (j'ai lancé mon entreprise le 1er octobre 2022 et mon compte a explosé mi-novembre), tout s'est matérialisé très vite dans ma vie, et tout cela grâce à la Loi de l'attraction... Depuis ce jour, je m'efforce d'enseigner celle-ci à mes abonnés afin qu'ils puissent eux aussi vivre la vie de leurs rêves, et vivre une transformation telle qu'ils ne pourront plus jamais voir la vie de la même façon.

Maintenant c'est à ton tour, cher lecteur, de vivre cette transformation pour manifester tout ce que tu souhaites, grâce à un plan détaillé et à une routine précise !

Si tu es prêt à tenter l'aventure, tu peux d'ores et déjà plonger dans la première partie de cet ouvrage, dans laquelle je vais t'enseigner tout ce que tu dois savoir sur la Loi de l'attraction. Dans la deuxième partie, je te montrerai comment faire pour l'appliquer au quotidien dans ta vie et enfin avoir des résultats.

Crois-tu en la Loi de l'attraction ?

....

J'ai hâte que tu puisses toi aussi vivre ta meilleure vie, alors merci pour ta confiance. Je te souhaite le meilleur.

Partie I

L'ORIGINE ET LES CONCEPTS-CLÉS DE LA LOI DE L'ATTRACTION

LA BASE DE LA LOI DE L'ATTRACTION

Pourquoi est-il si important de suivre les conseils de quelqu'un qui a réussi à faire fonctionner la Loi de l'attraction ?

Si tu veux faire construire une maison, tu vas aller voir un constructeur agréé qui, si possible, a beaucoup d'expérience, car tu voudras être certain que ta maison ne va pas tomber en ruine au bout de cinq ans…

Si tu veux apprendre l'anglais, tu vas prendre des cours avec quelqu'un qui a un diplôme d'anglais ou qui est bilingue, mais tu ne vas pas aller voir ta voisine qui baragouine trois mots de franglais ou ton cousin germain qui a passé trois semaines en colonie de vacances à Portsmouth quand il avait 15 ans…

Eh bien en spiritualité, c'est la même chose. Quel que soit le domaine qui t'intéresse, écoute les conseils de quelqu'un qui a réussi, et ensuite fais ta propre expérience. Rien ne remplacera jamais ton expérience car la spiritualité est unique et propre à chaque individu, donc écoute les conseils que tu vas trouver dans ce livre, mais surtout : applique-les ! Ne me crois pas sur parole : teste toutes ces théories et toutes ces pratiques, et vois les résultats dans TA vie.

Au fil des pages, je vais essayer de te faire comprendre que la magie et la Loi de l'attraction sont bien plus simples que tu ne peux l'imaginer. En réalité, il suffit vraiment de penser à quelque chose pour le manifester, mais avant d'en arriver là, il faut passer par plusieurs expériences qui vont te montrer et te prouver que la Loi de l'attraction fonctionne bel et bien.

> Si je devais résumer ce livre, je te dirais :
> « Demande quelque chose à l'Univers,
> et attends-toi à le recevoir à tout instant ! »

Si nous faisions tous cela au quotidien, nous manifesterions beaucoup plus facilement !

Le hic, c'est que nous n'avons pas été éduqués dans cette idée. Nous sommes issus d'une culture plutôt rationaliste. Le rationalisme, c'est tout simplement n'accepter que ce qui peut être expliqué par la raison humaine. Autrement dit : si je ne sais pas expliquer quelque chose, je considère que cela n'existe pas.

Encore mieux ! N'as-tu jamais dit dans ta vie : « Je suis cartésien » ou « Je suis plutôt terre à terre » ?

On l'a tous dit au moins une fois, et pourtant… Être cartésien, c'est être d'accord avec la méthode de René Descartes, qui consiste à n'accepter que ce qui peut être démontré par des faits et par la logique. Or la spiritualité est bien souvent invisible, non palpable, non démontrable scientifiquement, car nos moyens scientifiques et nos connaissances sont encore trop jeunes pour pouvoir tout démontrer.

En d'autres termes : si tu es cartésien, tu décides de ne croire que ce que tu peux voir. Le problème, c'est que l'Univers te donnera toujours raison, donc tu n'es pas près de changer d'avis, hihihi !

> L'Univers nous donne raison à chaque instant.

Si tu crois en la magie de l'Univers, celui-ci t'apportera des expériences qui confirmeront ta croyance. À l'inverse, si tu crois qu'il n'existe que le monde matériel, alors l'Univers t'enverra des expériences qui confirmeront également cette croyance.

Témoignages d'abonnés

Coucou ! Je voulais te raconter un truc sur l'abondance ! Dans ton reel de la semaine passée, j'ai fait une capture d'écran et c'est tombé sur « rentrée d'argent inattendue », et là je viens de recevoir un complément de mon congé maternité de 2022 ! Apparemment, ils se sont rendu compte deux ans plus tard qu'il y avait eu une erreur et qu'ils me devaient cette somme ! Dingue ! Tombé du ciel ! Merciiii !

Merci pour tout ce que vous avez changé dans ma vie car les petits miracles continuent les uns après les autres. Mon chemin s'éclaircit de plus en plus. Je ne vous en remercierai jamais assez : la vente de ma maison, l'achat de ma voiture, celle de mon mari, l'évolution au travail de mon mari, ma fille qui va monter un groupe de musique à l'école, mon autre fille qui se faisait harceler, qui souffrait de phobie et ne sortait plus de la maison, et qui maintenant fait du bénévolat dans un refuge et va passer son code. La vie est belle, et tout cela grâce à vous... Vous avez changé ma vie. Merci du fond du cœur.

Coucou Sindy, je te fais un petit retour sur les mantras. Incroyable mais vrai : je viens de recevoir un mail de MaPrimeRénov'. Je vais enfin toucher les 5 800 € d'aide, au bout d'un an ! Et puis sans prévenir j'ai eu un dédommagement de mon assurance pour des affaires abîmées pendant le déménagement : plus de 800 € ! Et depuis peu j'ai ajouté des affirmations positives pour ma santé sur des points précis, et en quelques jours j'ai déjà eu des améliorations. J'avais de nouveau des vertiges rotatoires et ils ont disparu ! C'est génial. Merci, merci, merci Sindy pour tes super-conseils et ton énergie !

Voilà pourquoi je vais toujours te conseiller de faire des tests. Je ne te demande pas de croire aveuglément à quelque chose d'invisible, mais simplement de te donner la chance de tester une nouvelle expérience et de voir la vie différemment. Même les plus grands sportifs, chanteurs, acteurs et célébrités utilisent la Loi de l'attraction dans leur vie et ne s'en cachent pas…

Jim Carrey[1], Oprah Winfrey, Will Smith, Lady Gaga, Conor McGregor, Ariana Grande, Denzel Washington, Steve Harvey, Novak Djokovic, Billie Eilish, Jennifer Aniston, 50 Cent, Bruno Mars, Gwyneth Paltrow, Beyoncé et tant d'autres : ils y croient tous et en parlent ouvertement dans les médias !

Alors, ma question est la suivante : si des millions de personnes et des centaines de célébrités ont réussi à faire fonctionner la Loi de l'attraction, pourquoi pas toi ?

---

1. Entrevue culte entre Oprah Winfrey et Jim Carrey, dans laquelle il explique comment il a utilisé la loi de l'Attraction pour devenir riche et célèbre : https://www.youtube.com/watch?v=UIAZGVqk9jE

LES 14 LOIS UNIVERSELLES

Pour bien comprendre la Loi de l'attraction, il faut connaître les grands principes qui régissent l'Univers. Il existe 14 lois universelles qui fonctionnent pour tout le monde, tout le temps. Que tu le veuilles ou non, que tu y croies ou non : l'Univers t'entend et te répond à chaque instant. Les 14 lois universelles, c'est un peu comme le dictionnaire de la manifestation, et si tu veux papoter avec l'Univers, il faut que tu connaisses son langage[1] !

---

1. « Le pouvoir des 14 lois universelles », par Sonny Court : https://www.youtube.com/watch?v=daIbFra9LFc&t=163s

La loi n°1
LA LOI DE L'UNITÉ DIVINE

Tu as certainement vu passer des posts sur Instagram avec cette phrase : « Nous sommes tous un. » Cette citation t'a peut-être fait sourire, et tu t'es sans doute demandé ce que cela signifiait. Eh oui, car dans notre réalité, notre quotidien, nous sommes des individus et nous avons tous une vie unique, une personnalité unique et des objectifs personnels.

Ce que cette loi veut dire, c'est que nous vivons tous dans le même environnement. Les poissons vivent tous dans l'eau, pourtant ils ne se posent pas la question de savoir ce qu'est l'eau. C'est l'endroit où ils vivent, et pour eux c'est naturel ! De même, en tant qu'êtres humains, nous vivons dans une espèce de toile énergétique, impalpable et invisible, qui nous relie les uns aux autres. Je t'expliquerai cette théorie plus en détail dans la partie sur la physique quantique, mais ce que tu dois retenir, c'est que nous sommes tous connectés les uns aux autres par l'énergie et que cette énergie influence notre vie.

> « Le Tout est Esprit, l'Univers est Mental. »
>
> LA TABLE D'ÉMERAUDE

Prenons un exemple concret : un beau matin, tu te lèves de très bonne humeur. Tu as fait un merveilleux rêve, c'est ton jour de congé et tu as prévu de sortir pour te promener en forêt et te ressourcer dans la nature. Tu te lèves, tu prépares ton café et tu vas à la fenêtre pour vérifier la météo, et là, PATATRAS ! Il pleut à verse ! Pas de petit oiseau qui chante pour te dire bonjour, pas de rayon de soleil pour réchauffer ta peau, et surtout tes plans pour la journée qui tombent à l'eau ! Au même moment, tu te rends compte que ton voisin a mis la musique à fond et, pas de chance, il est fan de hard-rock... Le café dans ta tasse commence déjà à trembler à cause des vibrations de la musique, et tu sens que ton humeur est en train de changer. En moins de cinq minutes, tu es passé de la joie à l'agacement. Pour te changer les idées, tu allumes la télé et tu tombes sur la chaîne PNN (Pires Nouvelles Non-stop), qui passe en boucle les drames survenus la veille. Cette fois-ci c'en est trop : tu lâches un juron et tu t'assois sur ton canapé en mode dépression parce que tu sens que tu vas passer une journée pourrie…

Que s'est-il passé ? Toutes ces choses se sont produites à l'extérieur de toi, pourtant elles ont réussi à miner ton humeur et à te faire ressentir de la tristesse et de l'énervement. Pourquoi ? Parce que « nous sommes tous un » et que nous sommes tous liés les uns aux autres. Ce petit exemple te montre à quel point nos actes ont des répercussions sur le reste du monde.

Enfin, sur un plan plus spirituel, la Loi de l'unité divine nous dévoile une vérité fondamentale : nous faisons tous partie de l'Univers (peu importe le nom que tu lui donnes : Dieu, Bouddha, Univers, Énergie ou Conscience Universelle…). Nous sommes tous issus du même endroit et nous sommes tous des êtres créateurs, car nous faisons partie de la Création.

> « Rien ne se perd, rien ne se crée, tout se transforme. »
>
> ANTOINE LAVOISIER

Nous sommes issus de l'énergie universelle et nous y retournerons lorsque notre corps disparaîtra pour libérer notre conscience. Chaque être humain porte en lui cette étincelle de vie, cette infime partie de conscience et d'énergie divine qui nous relie directement au cosmos. L'Univers est bel et bien en nous, et nous pouvons communiquer avec lui.

> « Nous sommes tous des dieux, tous des forces de la nature. Nous pouvons détruire, nous pouvons construire. Nous sommes comme des océans et comme des feux. »
>
> BARRY WHITE

LES 14 LOIS UNIVERSELLES

Connaissais-tu cette loi ? Écris un événement de ta vie où tu as senti que tu faisais partie de quelque chose de plus grand que toi :

La loi n° 2
LA LOI DE LA VIBRATION

La Loi de la vibration est une loi fondamentale pour bien comprendre le principe de manifestation. Cette loi nous explique que dans le monde, tout est fait d'énergie et de vibrations[2].

> « Si vous voulez trouver les secrets de l'univers, pensez en termes d'énergie, de fréquence, d'information et de vibration. »
>
> NIKOLA TESLA

L'Univers fonctionne par vibrations et par fréquences : si tu vibres à une certaine fréquence, tu vas attirer à toi tout ce qui est sur cette fréquence. Autrement dit, si tu te lèves le matin en ressassant ta journée catastrophique de la veille et en te demandant ce qui va te tomber dessus aujourd'hui, tu peux être sûr que l'Univers va te répondre en t'envoyant une bonne grosse tuile qui confirmera ta croyance !

À l'inverse, si tu apprends peu à peu à changer ta vibration et à transcender tes conditions de vie pour ressentir de la joie et de la gratitude au quotidien, tu verras de nouvelles bénédictions arriver dans ta vie naturellement.

> « Se lamenter sur un malheur passé, voilà le plus sûr moyen d'en attirer un autre. »
>
> WILLIAM SHAKESPEARE

---

2. Un bel exemple de vibrations avec les figures de Chladni : https://www.youtube.com/watch?v=6kLmlbkWJZ8

Ce principe de vibrations et de fréquences est fondamental pour bien comprendre la Loi de l'attraction. En effet, chaque chose et chaque être sur terre ont une vibration qui leur est propre, et les différences de fréquences entre chaque individu influencent directement notre état d'esprit. Tu veux des exemples ?

- Que se passe-t-il quand tu croises quelqu'un qui commence à te raconter tous les problèmes de sa vie en long, en large et en travers ? As-tu envie de continuer à l'écouter, ou préfèrerais-tu fuir le plus vite et le plus loin possible ? Tu veux fuir, bien sûr, parce que cette personne a une vibration tellement faible qu'elle prend ton énergie vitale pour se ressourcer ! C'est ce que l'on appelle les fameux « vampires énergétiques ».
- Que se passe-t-il quand tu es en train de conduire et que soudain une chanson triste passe à la radio ? Penses-tu à la super soirée que tu as passée hier avec tes amis, ou au moment où ton ex t'a annoncé qu'il voulait se séparer de toi ? Eh oui, là aussi il s'agit d'une vibration et d'une fréquence ! La tristesse attire la tristesse, c'est inévitable !
- Enfin, pour finir sur un exemple un peu plus positif, que se passe-t-il lorsque tu assistes à un concert ou à un festival ? Tu vis un moment magique, intense et puissant, car toutes les personnes présentes sont heureuses et émettent des vibrations élevées de joie et d'amour !

À FAIRE : tape « Islande Foot Clapping » sur YouTube et regarde la ferveur et les vibrations incroyables qui émanent des supporters de l'équipe de football d'Islande : https://www.youtube.com/watch?v=PVq0Mrmezpl

> « Tout est énergie, et c'est là tout ce qu'il y a à comprendre dans la vie. Aligne-toi à la fréquence de la réalité que tu souhaites et cette réalité se manifestera. Il ne peut en être autrement. Ce n'est pas de la philosophie. C'est de la physique. »
>
> ALBERT EINSTEIN

Fais le test en prenant ta voiture aujourd'hui : mets la musique à fond et observe tes rétroviseurs. Est-ce que tu vois comment les vibrations font bouger le petit miroir ? Le monde entier fonctionne de la même manière : tout ce que nous faisons émet une vibration qui influence notre monde extérieur.

Témoignages d'abonnés

La relation a pris un sens magique après ta master class.
J'ai véritablement matérialisé ce que je voulais, d'ailleurs il m'a dit :
« Tu m'as envoûté » ! Je n'avais jamais vécu ça avant ! Même ce matin,
il m'a dit : « Je suis dans une bulle de bonheur absolu », et ce qui est
sublime c'est que c'est réciproque ! Nous sommes fous amoureux !
J'avais écrit : « Je veux un amour où il est raide dingue de moi »,
et il m'a dit exactement cette phrase : « Je suis raide dingue de toi » !

Bonjour Sindy ! Je voulais te remercier du fond du cœur pour tes
posts et tes bons conseils ! Je n'en reviens pas de constater à quel
point tout a fonctionné : j'ai reçu durant tout le mois de janvier
des petites sommes d'argent que je n'attendais pas, et le plus
spectaculaire, le remboursement d'une facture d'électricité injustifiée
de 1 300 € : finalement, c'est la compagnie d'électricité qui me
verse 700 € ! C'est totalement bluffant ! Merci du fond du cœur.

Merci, merci, merci, j'avais un rendez-vous hyperimportant hier
et tout a été positif, je n'en reviens pas ! Grâce à toi je persévère
dans mes rituels et je suis bluffée par les résultats. Merci pour
ta positivité, les portes s'ouvrent et j'ai encore du mal à y croire !

Bonjour, je regarde quotidiennement vos publications,
et effectivement, plein de bonnes choses m'arrivent en même
temps ! J'ai tout changé dans ma vie : mon travail, je me suis
acheté une voiture neuve (la première de ma vie à 50 ans),
j'ai retrouvé mon amour de jeunesse et c'est juste extraordinaire !

La loi n° 3
LA LOI DE L'ACTION

La Loi de l'action est très importante dans le concept de manifestation. En effet, il est peu probable que tu attires à toi un million d'euros en restant assis sur ton canapé à manger des glaces et à regarder des séries toute la journée.

Ça pourrait arriver.
Mais c'est peu probable.

Pour y parvenir, il faudrait que tu aies la croyance profonde qu'en jouant une seule fois au loto, tu vas gagner des millions, mais pour cela il faudrait que ta croyance soit sans faille et que tu sois persuadé, avec ton conscient et ton subconscient, que c'est réellement possible ! Comme tu peux l'imaginer, très peu d'êtres humains sont capables de faire ce genre de choses. Voilà pourquoi tu vas devoir passer à l'action pour obtenir ce que tu souhaites.

- Si tu demandes un nouveau job à l'Univers, tu peux d'ores et déjà commencer à écrire ton CV.
- Si tu veux changer de maison, commence à écumer les agences immobilières et à regarder les petites annonces sur Internet.
- Si tu veux trouver l'amour, sois ta meilleure version pour attirer la personne qui sera à ta hauteur et qui vibrera sur ta fréquence.

Il ne suffit pas de vouloir quelque chose : il faut l'incarner.
Et pour incarner notre objectif, nous devons agir.

Tu dois passer à l'action pour te diriger vers ton objectif, parce qu'en faisant cela tu prouves à l'Univers que tu veux vraiment obtenir ce que tu lui as demandé. C'est aussi une manière d'allier ton corps et ton esprit pour atteindre ton objectif, car oui, nous sommes des êtres énergétiques, mais nous sommes aussi des êtres faits de chair et de sang, et nous devons aligner notre cœur, notre corps et notre âme pour pouvoir manifester correctement.

Parfois, certaines personnes me demandent comment il est possible que telle personne dans leur entourage soit devenue riche alors qu'elle ne croit pas du tout en la spiritualité et en la Loi de l'attraction. À cela je réponds toujours la même chose : « Tu n'as pas besoin d'être conscient de la magie pour qu'elle fonctionne. L'Univers te répond à chaque seconde, que tu y croies ou non, que tu en sois conscient ou non. »

Comme leur nom l'indique, les lois universelles régissent l'ensemble du monde énergétique, et la plupart des êtres humains vivent sans même savoir qu'elles existent ! Toi, tu peux te féliciter d'avoir acheté cet ouvrage car aujourd'hui tu vas pouvoir être conscient des lois universelles, ce qui va te permettre de mieux les appliquer dans ta vie.

Pour en revenir à notre multimillionnaire matérialiste et pas spirituel pour un sou, sache qu'il a tout simplement utilisé la Loi de l'attraction sans le savoir :

1. Il a eu un objectif précis en tête.
2. Il y a cru de toutes ses forces.
3. Il est passé à l'action pour y parvenir.
4. Il a fini par atteindre son rêve parce que, dans son esprit, il n'y avait pas d'autre scénario possible !

> « Ce que tu décides de ne pas faire est tout aussi important que ce que tu décides de faire. »
>
> STEVE JOBS

Tu vois ? Pas besoin de partir dans des pratiques ésotériques très compliquées pour obtenir des résultats : n'importe qui peut le faire, et tu n'as pas besoin de mettre une cape ou d'enfourcher un balai pour y parvenir. Mais en conclusion : oui, tu vas devoir passer à l'action pour obtenir ce que tu souhaites.

> « Aide-toi et le ciel t'aidera. »
>
> ———
>
> À PARTIR D'AUJOURD'HUI, C'EST TON NOUVEAU MANTRA.

Essaye de te souvenir d'une situation où tu es passé à l'action et où les résultats sont apparus comme par magie :

....
....
....
....
....
....
....
....
....
....
....
....
....
....
....
....

La loi n° 4
LA LOI DES CORRESPONDANCES

On pourrait appeler cette loi « l'effet miroir ».

Celle-ci nous explique que notre monde extérieur est le reflet de notre monde intérieur.

> « Tout homme qui acquiert la capacité de prendre pleine possession de son propre esprit peut prendre possession de tout ce à quoi il estime avoir droit. »
>
> ANDREW CARNEGIE

Oui, je sais, moi aussi quand j'ai découvert cette loi, je n'y ai pas cru. Ça me semblait étrange de penser que j'avais moi-même provoqué la situation dans laquelle je me trouvais. Pourtant, en y regardant de plus près, je me suis rendu compte que si j'étais restée dix-sept ans dans une relation toxique, c'est parce que j'avais été incapable de prendre des décisions pour changer cette situation. Au fond de moi, mon âme souffrait, mais j'étais tellement prisonnière des croyances limitantes et des blocages de mon subconscient que je n'arrivais pas à m'en sortir.

Au cas où tu ne le saurais pas déjà, sache que 95 % de tes actions et de tes pensées sont dictées par ton subconscient[3]. Ce n'est pas moi qui le dis, c'est la science, mais là encore je t'invite à aller vérifier par toi-même car c'est le meilleur moyen de convaincre ton cerveau que tout ce que je te dis est vrai. Par conséquent, si tu as des traumatismes,

---

3. https://www.lecerveaudelenfant.com/post/la-psychologie-du-cerveau

des blocages de l'enfance, des blessures de l'âme ou des croyances limitantes que l'on t'a inculquées quand tu étais plus jeune, tu vas avoir plus de mal à manifester ce que tu souhaites !

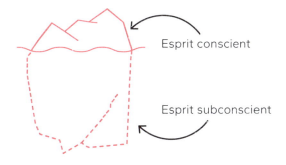

Ton monde et tes blocages intérieurs se reflètent dans ta réalité extérieure.

La Loi des correspondances nous oblige donc à nous tourner vers l'intérieur, à devenir responsables et créateurs de notre vie au lieu de jouer les victimes et de rejeter la faute de tout ce qui nous arrive sur les autres.

Non, ce n'est pas la faute de tata Huguette si tu n'es toujours pas mariée à 34 ans ! Elle t'a peut-être dit quand tu étais plus jeune, lors d'une soirée familiale un peu trop arrosée, que tu ne trouverais jamais un mari, mais c'est ta responsabilité de ne pas faire grandir cette croyance en toi...

Je sais que c'est plus facile à dire qu'à faire, mais sache que tout ce que tu vas semer dans ton esprit va germer et grandir. Que ce soient des bonnes ou des mauvaises graines, elles vont pousser. Alors, ne laisse jamais personne planter des mauvaises graines à ton insu, et cultive tes propres graines d'amour-propre, d'optimisme, de confiance en toi et de bienveillance afin de récolter tout cela dans ton monde extérieur.

Et tu sais quoi ? J'ajoute que tu as énormément de courage ! Oui, toi, tu as du courage parce que tu as décidé de changer ce qui ne te plaît plus dans ta vie, et ça, ça demande des efforts, du temps, de l'énergie et beaucoup de valeurs. Alors bravo, tu peux être fier de toi.

> « Sois le changement que tu veux voir dans ce monde. »
>
> ———
>
> GANDHI

Selon toi, quel est le plus grand blocage ou la plus grande croyance limitante qui t'empêche de manifester ce que tu souhaites ?

....
....
....
....
....
....
....
....
....
....
....
....
....
....

Témoignages d'abonnés

Je te suis depuis quelques semaines et j'ai beaucoup de résultats avec les mantras : des petites sommes au loto, des ventes sur Internet, et des prières à l'Univers qui fonctionnent vraiment. Mille mercis pour tout, Sindy, tu es un ange.

Bonsoir Sindy, je voulais vous remercier car vous êtes un être de lumière. J'applique chaque jour votre master class : elle a une valeur et un pouvoir incroyables ! Mardi matin, j'ai fait une demande spéciale car mon fils avait l'oral du bac blanc de français, et quelques jours avant il n'était pas dans sa meilleure forme ; alors dans ma voiture, en allant au travail, j'ai demandé à l'Univers qu'il brille à son oral et qu'il réponde à toutes les questions avec pertinence. J'ai aussi affirmé qu'il avait 18/20, et à 16 h 12 j'ai reçu un SMS de sa part : « J'ai eu 18 » ! Merci Sindy, merci de partager votre connaissance avec nous.

Hello, ça a marché ! Un homme est entré dans ma vie et il me correspond très bien, il a même avoué ses sentiments pour moi. Merci pour tout.

Bonjour, je fais l'abondance financière depuis quatre-vingt-dix jours et c'est génialissime ! Ça arrive de partout ! Merci, merci, merci, je remercie l'Univers à chaque fois.

La loi n° 5
LA LOI DE CAUSE À EFFET

La Loi de cause à effet est aussi appelée « Loi du karma ».

Le karma a parfois mauvaise réputation, alors qu'en réalité il est simplement le thermomètre de nos actes et de nos pensées.

Dans la vie, on récolte ce que l'on sème.

Ce qui veut dire que si tu es une personne bienveillante, tu vas recevoir de la bienveillance en retour.

Attention ! Être bienveillant ne signifie pas se sacrifier ! Tu ne peux donner à autrui que ce que tu as en plus. Par exemple : tu peux prêter de l'argent à quelqu'un si tu as assez d'argent pour vivre. Tu peux donner de l'amour à quelqu'un si tu as assez d'amour-propre. Tu peux aider quelqu'un à déménager si ta condition physique te le permet.

En revanche, ne laisse jamais personne t'enlever quelque chose dont tu as besoin ! Quand tu fais cela, tu manques d'amour-propre et l'Univers te le fait savoir par de nouvelles difficultés et de nouveaux obstacles dans ta vie… Eh oui, n'oublie jamais que l'Univers t'entend et te répond à chaque instant !

Si tu es dans une relation sentimentale où la personne te fait du mal et que tu ne parviens pas à lui dire non, c'est à toi que tu fais du mal.

Si tu es dans une situation financière critique mais que tu donnes de l'argent à un proche parce qu'il te fait de la peine, c'est toi que tu mets en difficulté.

Quand tu dis oui à quelqu'un, tu te dis non à toi-même.

Tu dois donc choisir avec sagesse et courage à qui tu vas dire OUI dans ta vie, car certaines personnes le méritent, mais d'autres non... N'oublie pas que tu es la personne la plus importante de ton incarnation : tu dois être la star de ton propre film ! Tu mérites de briller et d'avoir une vie extraordinaire ! Donc fais attention à tes pensées et à tes actes, parce que la Loi de cause à effet te renverra tout cela multiplié par 1 000 (ou 100 000, hihihi).

J'aime beaucoup l'expression « donner pour recevoir », mais sache que tu dois d'abord te donner à toi-même.

> « Problèmes ou réussites, tous sont le résultat de nos propres actions. Le karma. La philosophie de l'action est que personne ne fournit la paix ou le bonheur. Le karma lui-même et les actions sont responsables du bonheur, du succès ou de toute autre chose. »
>
> MAHARISHI MAHESH YOGI

En conclusion, on peut imaginer que notre vie est un jardin dans lequel nos actes vont planter des graines. Si nous faisons des choses positives, nous allons planter des graines positives et nous récolterons des fleurs ou des fruits positifs dans notre vie. En revanche, si on s'amuse à planter de mauvaises herbes, il ne faudra pas s'étonner ensuite de ne récolter que des difficultés dans la vie.

Selon toi, ton karma est plutôt (coche la bonne case) :

☐ EXCELLENT   ☐ BON
☐ MOYEN   ☐ PAS TOP TOP

La loi n° 6
LA LOI DE COMPENSATION

Tu te souviens quand le président Nicolas Sarkozy a lancé le concept de « travailler plus pour gagner plus » ? Eh bien, l'Univers fonctionne un peu pareil, sauf qu'au lieu de travailler, il faut donner.

Donne plus pour recevoir plus !

L'Univers, tel un miroir, va te renvoyer ce que tu émets comme vibrations. Et tes vibrations sont émises par tes pensées, tes émotions et tes actions.

- Si tu vibres bas (autrement dit, si tes pensées, tes émotions et tes actions sont plutôt négatives, contradictoires ou carrément méchantes), ne t'attends pas à recevoir des choses cool dans la vie…

> « Si vous vous plaignez, la loi de l'attraction générera dans votre vie davantage de situations dont vous pourrez vous plaindre.
> Si vous écoutez un individu se plaindre et y accordez toute votre attention, sympathisez avec lui et êtes d'accord avec lui, vous attirez alors à vous davantage de situations desquelles vous plaindre. »
>
> RHONDA BYRNE

EN REVANCHE

- Si tu vibres haut (tes pensées, tes émotions et tes actions sont bienveillantes, nombreuses et alignées avec tes désirs), alors tu vas recevoir de l'aide de l'Univers pour accomplir tes projets.

Si tu fais le bien autour de toi, tu vas recevoir du bien. Si tu en fais beaucoup, alors tu vas en recevoir beaucoup. Si tu en fais méga beaucoup, tu vas en recevoir… méga beaucoup ! Bon, ça y est, je crois que tu as compris.

Attention quand même à ces petits détails (tu sais, ce sont les toutes petites lignes écrites en bas de la page quand tu signes un contrat) :

- Si tu fais les choses seulement pour en recevoir en retour, ça ne va pas marcher parce que tu ne seras pas dans le lâcher-prise. En revanche, si tu fais quelque chose avec le cœur, sans rien attendre en retour, juste parce que tu penses que c'est bien ou que ça te fait plaisir, l'Univers te récompensera pour chacune de tes belles actions.
- En général, l'Univers ne mélange pas tout. Il aime bien les choses ordonnées (le chaos, c'est pas son truc). Par conséquent, il va te renvoyer ce que tu donnes dans le même domaine de vie. Par exemple : si tu es généreux en amour, tu vas recevoir en amour. Si tu es généreux dans le domaine financier, tu vas recevoir plus d'argent en retour, etc.
- Dernier petit truc à savoir : l'Univers aime nous surprendre ! Si tu donnes de l'argent à quelqu'un, ce n'est probablement pas cette personne qui te le rendra. Le champ quantique trouvera un autre moyen pour te renvoyer ce que tu as donné. Tu recevras sans doute un remboursement des services publics, un cadeau inattendu de la part de quelqu'un de ton entourage, ou peut-être même, qui sait : le fameux numéro gagnant du loto ! En tout cas, quel que soit le domaine dans lequel tu attends une manifestation de la part de l'Univers, sache qu'il est fort probable que tu sois étonné de la façon dont tu vas le recevoir…

Voici un exemple parmi tant d'autres : l'une de mes abonnés a reçu une somme « oubliée » depuis deux ans juste après avoir fait une capture d'écran dans l'un de mes reels. La capture d'écran indiquait : « rentrée d'argent inattendue » → son subconscient y a cru → l'Univers la lui a envoyée quelques jours plus tard, lui faisant ainsi une belle surprise !

La loi n° 7
LA LOI DE L'ATTRACTION

Aaaaah, la Loi de l'attraction (sans surprise, c'est ma préférée)...
On utilise cette loi pour donner un titre au concept de manifestation, mais en réalité celle-ci nous indique que nous attirons à nous ce qui vibre comme nous[4].

Pour t'expliquer ce concept je vais te faire un dessin qui va te montrer exactement comment ça fonctionne, tu es prêt ?

Imagine que la vie est faite de différentes marches. Tu es en bas de l'escalier et tu as envie d'atteindre un objectif dans un domaine bien particulier. Pour cela tu vas devoir gravir les marches une à une. Parfois, tu seras tellement motivé que tu feras un saut quantique de trois marches en même temps, et à chaque marche, tu attireras à toi ce qui est sur cette vibration.

Prenons un exemple : il se peut que tu sois une personne timide qui veut gagner de l'assurance en public. Au tout début, tu seras sur la marche du bas et tu attireras à toi des situations dans lesquelles ta timidité refera surface. Mais un beau jour tu décideras de changer et de vaincre cette timidité en faisant des exercices, en lisant des livres, en prenant un coach ou en osant parler à quelqu'un dans la rue... En faisant cela, tu graviras une marche dans l'escalier de la confiance en toi, et ta timidité sera moins forte qu'avant. Si tu continues à faire cela jour après jour, tu te rendras compte que ta confiance en toi augmente, et un beau jour... tu arriveras au sommet de l'escalier, sur la fréquence de la confiance en soi et de l'assurance maximale en public.

Et tu veux connaître la bonne nouvelle ? (Dis ouiiiii !)

---

4. Explication de la loi de l'Attraction selon David Laroche : https://www.youtube.com/watch?v=MK1S5VLFG9Y&t=81s

La bonne nouvelle, c'est que cela fonctionne pour tous les domaines ! Quel que soit ton point de départ, tu peux gravir les marches jusqu'à atteindre ton objectif !

Regarde le dessin ci-dessous pour bien comprendre le concept, car si tu arrives à enregistrer ce dessin dans ta tête, tu ne perdras plus jamais ta motivation.

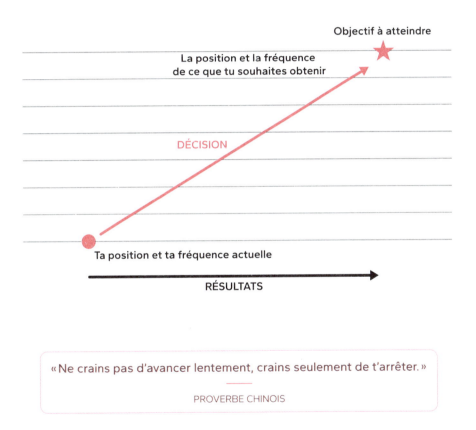

« Ne crains pas d'avancer lentement, crains seulement de t'arrêter. »

PROVERBE CHINOIS

Même si tu restes longtemps sur la même marche, tu peux reprendre le chemin à tout moment.

Maintenant que tu sais cela, tu peux poursuivre ta lecture avec plus de sérénité car tu peux être sûr que quelle que soit ta situation, tu vas finir par atteindre ton objectif. Aie confiance : je suis là pour t'accompagner.

Le savais-tu ? Un saut quantique est un phénomène au cours duquel ta réalité change en un instant. C'est un peu comme si tu passais de la première à la dernière marche en un laps de temps très court. C'est ce qui arrive par exemple lors de guérisons miraculeuses (le corps passe d'un état maladif à un état de guérison en quelques secondes seulement). Et c'est un tel saut qui m'est arrivé quand je suis passée de 4 800 abonnés à 10 000 en une semaine, puis à 30 000 en moins de trois mois.

> « Ce que tu penses, tu le deviens. Ce que tu ressens, tu l'attires. Ce que tu imagines, tu le crées. »
>
> BOUDDHA

Témoignages d'abonnés

Bonjour Sindy, depuis un mois que je fais vos mantras d'abondance, mon fils m'a offert un voyage tout inclus pour cet été et pour la destination que j'affectionne particulièrement. Je gagne des petites sommes aux jeux de hasard. Je vous suis depuis un mois et je remercie l'Univers de vous avoir mis sur ma route. Dans les moments difficiles, je me sens mieux grâce à vous car vous avez le don de nous redonner le moral et l'envie de nous surpasser. Alors merci, merci, merci à vous et à l'Univers d'avoir croisé votre chemin car vous êtes une belle âme.

Coucou ma belle, je voulais te dire que la Loi de l'attraction me comble de bonheur. Comme tu l'as tellement répété, il faut montrer à l'Univers ce que l'on souhaite manifester car oui, ça marche! Je me lance dans une nouvelle activité professionnelle à mon compte et tout est en train de se mettre en place et d'arriver à moi comme par magie.
Je remercie chaque jour l'Univers pour cela et je pense souvent à toi et je te remercie également. Tu as été mon coach de vie! Merci infiniment!

Bonjour Sindy, je voulais te dire mille mercis! Depuis que j'ai commencé à dire tes mantras, j'ai vu une différence énorme sur mon agoraphobie. J'ai réussi à aller vraiment plus loin de chez moi: à la rivière, à la plage, et même à faire une randonnée! Il y a encore une semaine, même mon conjoint ne pensait pas que je pourrais faire tout ça. Je suis tellement heureuse!

Coucou Sindy! Je t'écris pour te faire part d'un premier résultat à la suite de ta master class sur la Loi de l'attraction : nous avons mis en vente un appartement le 21 novembre. Aujourd'hui, le 4 décembre, nous avons reçu une offre d'achat au prix demandé sans aucune négociation. C'est la conséquence de l'application de tes enseignements! Je t'embrasse bien fort.

La loi n° 8
LA LOI DE TRANSMUTATION DE L'ÉNERGIE

Ouh la, oui, je sais, le nom fait super peur, mais en fait c'est très simple, tu vas voir.

> *Tu es le conducteur de ta voiture, et tu as le pouvoir de changer de direction à tout instant.*

Tu vois? La vie est simple: ton corps, c'est ta voiture. Et ton esprit est le conducteur. Si tu veux aller à gauche, tu vas à gauche. Si tu veux aller à droite, tu vas à droite. Tu peux aussi t'arrêter, reculer et même faire demi-tour si ça te chante.

Avec cette loi, l'Univers nous rappelle que nous sommes les maîtres, que dis-je, les capitaines de notre vie et de notre véhicule! C'est à nous de choisir si nous préférons nous baigner dans les eaux troubles du pessimisme, de la négativité et du rationalisme, ou bien naviguer dans les eaux claires de l'optimisme, du rose, des paillettes et de la magie du monde invisible![5]

Cette loi nous redonne notre pouvoir créateur. Elle nous rappelle que nous sommes capables de choisir à chaque instant le chemin que nous empruntons. Alors oui, dans la vie il y a des moments compliqués, et je ne vais pas te demander de danser la zumba si tu viens de te faire larguer par ton petit copain, mais il y a un temps pour tout: il y aura un temps pour faire le deuil de cette relation et un temps pour retrouver la joie de vivre Le hic, c'est que de nos jours, de plus en plus

---

[5]. «Le secret des alchimistes pour transformer ta vie!», par Sonny Court: https://www.youtube.com/watch?v=CzCVnx2V8TM&list=PLnq6hJzbF82pvffYdFRdY-mljak_NUkTmg&index=115

de gens restent coincés dans la phase de deuil et n'arrivent plus à s'en sortir. Quand je dis « deuil d'une rupture », je veux aussi parler des traumas, des blocages et de tous les événements difficiles que l'on peut vivre au cours de notre vie, et il y en a beaucoup ! Non, la vie n'est pas toujours toute douce, mais elle le sera encore moins si on reste coincé dans le passé !

Personnellement, j'ai connu quelqu'un qui rejetait la faute de tout ce qui lui arrivait sur ses parents. Il disait qu'à cause d'eux, il avait raté sa vie ; et à chaque fois qu'un nouvel obstacle apparaissait dans son incarnation, c'était la faute de ses parents ! À 40 ans passés ! À un moment donné, il faut savoir se prendre en main et se rendre compte que l'on est responsable de soi-même et de sa vie…

> « Rien ne peut arrêter l'homme avec la bonne attitude mentale d'atteindre son objectif ; rien sur terre ne peut aider l'homme avec la mauvaise attitude mentale. »
>
> THOMAS JEFFERSON

À ce propos, connais-tu l'histoire des jumeaux ? Pendant trente ans, deux hommes nés d'un père alcoolique et violent ont fait l'objet d'une étude. Arrivés à l'âge adulte, l'un des deux frères était devenu alcoolique et violent et vivait une vie misérable, tandis que l'autre vivait une vie saine et était devenu un homme d'affaires à succès. Quand les chercheurs leur posèrent la question : « Comment en êtes-vous arrivés là ? », la réponse fut la même pour les jumeaux. Tous deux s'exclamèrent : « Avec le père que j'ai eu, comment aurais-je pu faire autrement ?! »
L'un des deux frères vécut donc en victime toute sa vie (reproduisant le schéma familial), alors que l'autre vécut une vie inspirante et pleine de succès (rompant ainsi avec ce même schéma).

Même père → différentes façons de le vivre → deux vies complètement différentes

Si tu devais retenir quelque chose de ce chapitre, rappelle-toi simplement que tu peux décider à tout instant de ta façon d'appréhender les événements que la vie t'envoie. Qu'ils soient bons ou mauvais, tu as le choix entre rester optimiste ou pessimiste, victime ou créateur.

> « Le bonheur, dans votre vie, dépend de la qualité de vos pensées. »
>
> MARC AURÈLE

Décris une situation qui t'a fait du mal dans ta vie et qui t'empêche encore d'être totalement libre à l'heure actuelle, puis écris : « Aujourd'hui je me libère de cette situation et je me donne le droit de vivre une vie pleine de joie et d'abondance. »

LA SITUATION DOULOUREUSE :

....
....
....
....

LA LIBÉRATION DE LA SITUATION DOULOUREUSE :

....
....
....
....

La loi n° 9
LA LOI DE LA GESTATION

Dis-moi :

- Quand le mois de décembre s'achève, tu sais qu'il va falloir douze mois avant que tu puisses revoir papa Noël, non ?
- Quand tu attends un enfant, tu sais qu'il va falloir neuf mois avant qu'il pointe le bout de son nez, pas vrai ?
- Quand tu fais un gâteau, tu sais qu'il va mettre une bonne trentaine de minutes à cuire, n'est-ce pas ?

Maintenant ma question est la suivante : si tu sais tout cela, pourquoi t'étonnes-tu de devoir attendre un peu avant de recevoir ce que tu as demandé ?

Alors oui, je sais : de nos jours on peut commander un excellent dîner en moins de vingt minutes, recevoir un paquet en moins de vingt-quatre heures, et avoir accès au monde entier immédiatement grâce à Internet, MAIS il y a des choses qui ne peuvent pas changer !

> Il y a des choses pour lesquelles le temps est tout simplement INCOMPRESSIBLE (qui ne peut pas être réduit, quoi...).

Et la loi de la gestation nous indique tout simplement que l'Univers a besoin d'un petit peu de temps pour t'apporter ce que tu as demandé.

Tous les gens qui ont vécu des expériences de mort imminente (EMI = *my passion*) le disent : dans le monde de l'énergie, tout est immédiat. Tu penses à un endroit, et tu y es immédiatement. Tu penses à quelqu'un, et tu te trouves avec cette personne au même instant. Tu penses = tu manifestes. En revanche, dans le monde matériel (le monde dans lequel nous vivons), il existe une variable qui semble totalement inexistante de l'autre côté du voile : le temps.

> Ici, sur terre, nos idées, nos pensées
> et nos rêves ont besoin d'un certain temps
> avant de pouvoir se concrétiser dans la matière.

Par exemple, la plante *Azorella Compacta* ne pousse que d'un millimètre par an, mais elle peut aussi vivre jusqu'à 3 000 ans! Alors tu vois : parfois, attendre, ça a du bon!
C'est comme ça, et on n'y peut rien. Tu auras beau t'énerver, pester contre l'Univers ou le supplier d'accélérer les choses : il prendra le temps qu'il faudra pour t'apporter ce que tu lui as demandé.

En résumé, essaye d'imaginer l'Univers comme un metteur en scène : dans la pièce de théâtre qu'est ta vie, il va prendre son temps pour sélectionner les acteurs, choisir les meubles, les décors et la musique qui vont t'accompagner. Il va essayer de sélectionner ce qu'il y a de mieux pour toi, mais cela va lui prendre un peu de temps, alors sois sympa avec lui et fais preuve d'un peu de patience (et puis soyons honnêtes : as-tu vraiment envie de jouer le rôle de ta vie avec le premier inconnu qui passe par là ?! Non! Alors, fais confiance à l'Univers et donne-lui le temps de t'amener ton Leonardo DiCaprio à toi)...

> « Je ne pense pas qu'il existe une autre qualité aussi essentielle au succès, quel qu'il soit, que la persévérance. Elle surmonte presque tout, même la nature. »
>
> JOHN D. ROCKEFELLER

En règle générale, ton niveau de patience dans la vie est (coche la bonne case) :

☐ ÉLEVÉ   ☐ CORRECT   ☐ INEXISTANT

La loi n° 10
LA LOI DE LA RELATIVITÉ

Parfois, on a l'impression que le ciel nous tombe sur la tête, c'est vrai, mais on oublie souvent de regarder ce qui se passe ailleurs.

Réponds à ces quelques questions :

- Es-tu en bonne santé ?
- As-tu un toit sur la tête ?
- Peux-tu manger à ta faim ?

Si la réponse à ces trois questions est oui, alors tu peux t'estimer heureux car cela signifie que tu as beaucoup de chance dans la vie.

La relativité, c'est se dire que oui, on rencontre des difficultés, mais que celles-ci sont surmontables et qu'on a quand même de la chance dans notre quotidien.

Le soir, j'ai pour habitude de remercier l'Univers pour cinq choses qui me sont arrivées dans la journée ; mais parfois, il arrive que j'aie eu une journée pourrie et que j'aie bien du mal à trouver de quoi remercier le ciel. Dans ces cas-là, je suis toute renfrognée quand je commence à remercier : « Mmmmh, bon, merci pour l'air que je respire »... Tu sais, je suis un peu vexée, comme si j'en voulais à l'Univers tout entier pour ma journée de crotte. Et puis je m'anime un peu : « Allez, merci aussi pour la nourriture que j'ai mangée »... Et puis, en cherchant bien, on se rend compte qu'on peut aussi remercier pour le soleil qui réchauffe notre peau (ou la cheminée si nous sommes en hiver), pour les arbres qui nous donnent de l'oxygène, pour le fait de vivre dans un pays en paix, pour notre travail, pour nos proches, pour le toit qui nous abrite, pour notre animal de compagnie, etc. Fais le test, tu vas voir : c'est bon pour la santé, et en plus ça te met dans une énergie de gratitude pile-poil avant d'aller au lit.

Conclusion : pour vivre heureux, vivons cachés. Ah non, c'est pas cette expression-là que je cherchais, désolée ! Pour être heureux, il faut relativiser ! Voilà, c'est ça !

Chaque épreuve de ta vie va t'enseigner quelque chose et va t'aider dans ton évolution personnelle et spirituelle, alors apprends à remercier l'Univers, même quand c'est dur.

> « Je vous dirai que je n'ai jamais eu d'échecs dans ma vie. Il n'y a pas eu d'échecs. Il y a eu des leçons épouvantables. »
>
> OPRAH WINFREY

Apprenons à prendre du recul par rapport aux événements qui nous arrivent. Si tu te compares à ton entourage, tu trouveras toujours un domaine dans lequel tu as plus de chance que tes proches. Souviens-toi que la gratitude est une émotion à hautes vibrations qui permet d'accéder à plus de récompenses[6], alors prends ta vie en mains et remercie d'ores et déjà l'Univers pour tout ce que tu as la chance d'avoir dans ta vie et pour toutes les merveilles qu'il est en train de te préparer.

À SAVOIR : la gratitude est l'une des émotions les plus élevées en termes de vibrations, donc n'hésite pas à ressentir de la gratitude le plus souvent possible, car tu pourrais même améliorer ta santé avec un simple « merci[7] » ! Personnellement, quand je suis vraiment connectée avec l'énergie et la magie de l'Univers, je suis capable de pleurer de joie devant un coucher de soleil ou même une fleur ! Eh oui, parce que si tu prends le temps d'ouvrir ton cœur pour observer ce qui se passe autour de toi, tu vas te rendre compte que tu as des milliers de raisons de dire merci à l'Univers.

---

6. TEDx Talks, « Le pouvoir de la gratitude » : https://youtu.be/nZUfJpVxUNI?si=tfXe-QYqlfEz2Nnnp
7. https://sciencepost.fr/gratitude-pratique-science-guerir-maladie-psychologie-dire-merci/

À FAIRE : écris une liste de choses pour lesquelles tu ressens de la gratitude ! Voici quelques exemples :

- la planète Terre ;
- l'air que tu respires ;
- ton logement ;
- ce que tu as mangé aujourd'hui ;
- tes proches…

> « Certaines personnes prient en ce moment même pour avoir la vie que tu as… »

Écris cinq choses pour lesquelles tu as envie de dire merci aujourd'hui :

....

....

....

....

....

....

....

....

....

....

Témoignages d'abonnés

Bonjour Sindy, j'ai bien suivi ta master class à la lettre et je peux te dire que toutes mes demandes se sont manifestées ! Merci beaucoup à toi ! Tu es top, géniale. Gratitude de t'avoir connue !

Bonjour Sindy, il s'est passé un truc de méga dingue ! Je galérais à avoir un accompagnement pour la création de mon entreprise. J'ai retroussé les manches pour trouver des solutions, j'ai appelé plein d'organismes, mais rien ne se passait... et puis aujourd'hui, j'ai prié en disant « merci, merci, merci, Univers, pour l'accompagnement à la création de mon entreprise ». Deux heures plus tard, un organisme m'a appelé pour me fixer un rendez-vous ce jeudi ! Merci.

Je dois te remercier car j'ai pris fin mai ton nouveau produit pour l'abondance financière, et c'est top ! J'ai eu une modification à la hausse de mes primes, j'ai eu 300 € en plus. Merci, merci !

Bonsoir ! Merci pour vos vidéos, vos conseils et votre voix enjouée. Après avoir fait votre rituel de vingt et un jours, j'ai reçu la bonne nouvelle que ma caisse allait me verser chaque mois un montant pour mon régime sans gluten. Très contente, car à ce jour c'est difficile de vivre. Je me réjouis de cette belle nouvelle et de celles qui suivront.

Merci infiniment pour tout. Aujourd'hui j'ai eu mon premier résultat : j'ai reçu un chèque de 1200 € pour un investissement. Quelle belle surprise, et mon compte en banque était content. Merci !

La loi n° 11
LA LOI DE LA POLARITÉ

Dans la vie, il existe presque TOUT et son CONTRAIRE.
Si, si, je t'assure : fais le test ! Je te propose d'écrire quelques mots, puis d'écrire son contraire juste à côté. Exemple : le chaud et le froid, le bien et le mal, l'optimisme et le pessimisme, l'intérieur et l'extérieur, le visible et l'invisible…

À toi de jouer !

Mot choisi : .... Son contraire : ....

Mot choisi : .... Son contraire : ....

Mot choisi : .... Son contraire : ....

Mot choisi : .... Son contraire : ....

Mot choisi : .... Son contraire : ....

Bon, à moins d'avoir choisi le mot « table », normalement tu as dû trouver l'opposé des mots que tu as écrits. Eh oui, car la polarité, c'est les deux faces d'une même pièce de monnaie ! Et la Loi de la polarité te montre que tu peux toujours choisir l'une ou l'autre option.

Dans la vie tu as toujours le choix entre :

- aimer ou haïr ;
- rester ou partir ;
- changer ou stagner ;

- construire ou détruire ;
- faire l'amour ou la guerre ;
- être victime ou créateur de ta vie...

> « Gardez toujours à l'esprit que votre propre décision de réussir est plus importante que n'importe quoi d'autre. »
>
> ABRAHAM LINCOLN

Tu vois où je veux en venir ?

À chaque instant, tu prends des décisions. Parfois conscientes et parfois inconscientes. Quand tu décides de rentrer chez toi le soir après une journée de travail, tu le fais presque en pilote automatique, mais tu pourrais choisir de changer de route ! Ou d'aller boire un verre avec des amis ! Ou d'aller faire du shopping avant de rentrer ! Ou d'aller te promener dans la nature... Sauf que la plupart du temps (95 %, je te le rappelle), nos pensées et nos actions sont dictées par notre subconscient, donc tu ne penses même pas à ce genre de choses !

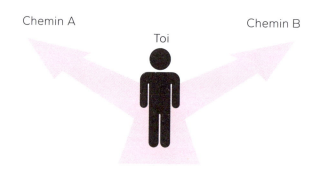

Et cela se répète dans ta vie, jour après jour et dans tous les domaines. Ton subconscient est plus fort que toi parce que personne ne t'a appris à le convaincre de faire ce que toi, tu veux ; mais aujourd'hui je te rassure : je suis là pour te dire que OUI, tu peux être plus fort que ton subconscient !

- Quand tu t'obliges à aller faire du sport, tu prends la décision consciente d'être plus grand que ton subconscient qui, lui, n'a pas du tout envie d'aller bouger ses fesses à la salle, on est d'accord ?
- Quand tu commences à améliorer ton alimentation, tu prends la décision consciente d'être plus grand que ton subconscient qui, lui, a juste envie de se goinfrer de gâteaux au chocolat, n'est-ce pas ?
- Quand tu commences à méditer pour améliorer ta santé, tu prends la décision consciente d'être plus grand que ton subconscient qui, lui, a juste envie de scroller sur les réseaux sociaux, pas vrai ?

Tu vois ? Tu peux réellement changer ta vie si tu prends la décision ferme et définitive de la changer. Tu as le pouvoir de choisir, à tout instant, la route que tu vas emprunter avec ton véhicule terrestre (ton corps).

> « La grandeur de l'homme réside dans sa décision d'être plus fort que sa condition. »
>
> ALBERT CAMUS

La loi n° 12
LA LOI DU RYTHME

Pour cette loi je vais faire simple, car je veux que tu restes accroché à ce livre pour atteindre la partie pratique et enfin utiliser la loi de l'attraction efficacement dans ta vie.

Regarde ce dessin :

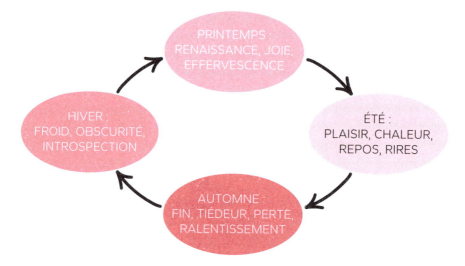

Qu'est-ce que je cherche à te montrer ? Eh bien, que la vie n'est pas linéaire. Elle est marquée par des cycles et des saisons.
Et tu sais quoi ? Toi aussi tu fais partie de la nature, donc ta vie est également rythmée par des cycles, en commençant par le cycle le plus simple :

NAISSANCE → CROISSANCE → MORT

Heureusement, entre le début et la fin il se passe plein de choses, et ce sont ces choses qui nous intéressent. En effet, grâce à la Loi de l'attraction, tu vas attirer à toi plus facilement certaines personnes, certaines situations et même certaines choses ; mais il est vrai qu'il y aura des moments où tout ira vite, et des moments où tout sera plus calme. Ce sont des cycles, et c'est naturel.

L'important, c'est de profiter au maximum des bons moments et de relativiser dans les mauvais.

Tout passe avec le temps, et le soleil finit toujours pas se lever, même après la nuit la plus sombre. Donc, si tu es dans le creux de la vague, souviens-toi que ce n'est qu'une question de temps avant que tu puisses à nouveau profiter de la vie en toute insouciance.

Après la pluie vient le beau temps.

> « Il y a des jours, des mois, des années interminables où il ne se passe presque rien. Il y a des minutes et des secondes qui contiennent tout un monde. »
>
> ―
>
> JEAN D'ORMESSON

La Lune est l'astre cyclique par excellence : il meurt et renaît sans cesse, nous montrant ainsi le caractère éphémère de toute chose.

La loi n° 13
LA LOI DE CROYANCE

OK, tu y es presque, plus que deux lois universelles et tu les connaîtras toutes par cœur !

Bon, peut-être pas par cœur mais ne t'inquiète pas : j'ai prévu de faire un petit résumé dans les pages suivantes pour que tu puisses l'afficher sur ton frigo, ton tableau de visualisation ou encore ton fond d'écran.

Alors, écoute bien ce que je vais te dire dans ce paragraphe, car c'est sans doute l'un des plus importants pour comprendre la Loi de l'attraction.

Non, attends, tu n'as pas saisi l'importance de ce chapitre.

S'il devait n'en rester qu'une, ce serait cette loi universelle !

Si tu devais ne retenir qu'une seule chose de ce livre, ce serait ceci :

Ce que tu crois se manifeste...

Ni plus, ni moins.
- Si tu crois que tu n'as pas de chance en amour, tu n'auras pas de chance en amour.
- Si tu crois que tu tombes toujours sur des hommes ou des femmes infidèles, tu peux être sûr de tomber sur ce type de spécimen à ta prochaine rencontre.

Je continue parce que c'est vraiment important que tu comprennes cela.

- Si tu crois que l'argent est mauvais ou responsable de tous les maux de la terre, ou encore difficile à obtenir, etc., tu ne vas jamais connaître l'abondance financière.
- Si tu crois que tu es condamné à être pauvre parce que ta famille a des croyances limitantes sur l'argent, tu vas te condamner toi-même.
- Si tu crois que ta santé est fragile parce que tu es toujours enrhumé, attends-toi d'ores et déjà à choper ton prochain rhume…

Eh oui, parce que CE QUE TU CROIS SE MANIFESTE[8] !

> « C'est pourquoi je vous dis : tout ce que vous demanderez en priant, croyez que vous l'avez reçu, et vous le verrez s'accomplir. »
>
> ÉVANGILE SELON SAINT MARC

Dois-je le répéter encore une fois ? Non, je crois que c'est bon. Désormais, nous allons passer à la phase suivante : quelles sont tes croyances ? Eh oui, il va falloir que tu te plies à cet exercice si tu veux savoir pourquoi tu n'arrives pas à manifester le grand amour alors que tu aimerais désespérément avoir quelqu'un à cajoler chaque soir dans ton canapé !

La réponse est simple : s'il manque quelque chose dans ta vie, c'est parce qu'une barrière énergétique l'empêche d'arriver jusqu'à toi. Eh oui, car l'Univers est super sympa et t'envoie tout ce que tu lui demandes ! C'est comme si tu étais un aimant ! Le problème, c'est que c'est ton subconscient qui est l'aimant, pas ton conscient…

Allons donc voir ce qui se passe dans ton subconscient en faisant un petit exercice tout simple : nous allons prendre les trois grands piliers qui dominent ta vie, et tu vas écrire touuuuuuutes les croyances limitantes, les fausses croyances, traumas et blessures que tu peux imaginer à ce sujet.

---

8. Tistrya, « La puissance de l'intention » : https://www.youtube.com/watch?v=70Xg0c-cIf5Q

SANTÉ

Exemple : ma mère a eu un cancer, je suis sûre que je vais en avoir un aussi.

....

....

....

....

....

....

....

AMOUR

Exemple : je tombe toujours sur des hommes ou des femmes qui ont peur de l'engagement ; je pense que je les fais fuir, c'est donc moi qui ai un problème.

....

....

....

....

....

....

....

....

ARGENT

Exemple : mes parents m'ont toujours dit que l'argent rendait les gens méchants, et je ne veux pas être une mauvaise personne.

Comme tu peux le voir, j'ai mis un paquet de lignes pour l'argent parce que c'est le sujet qui préoccupe 80 % des gens qui me posent des questions au quotidien sur les réseaux sociaux, et c'est aussi le domaine où il y a le plus de croyances limitantes.

Maintenant, je veux que tu reprennes cet exercice et que tu indiques tes souhaits pour chaque domaine. Écris tout ce qui te passe par la tête et prends le temps de réfléchir à ce qui te fait vibrer. Tu peux même prendre trois grandes inspirations et expirations avant de commencer à écrire. Cela te permettra de te connecter à ton âme et à ton intuition.

Voilà, c'est parfait. Maintenant pose-toi la question suivante :

« Si j'avais un million d'euros sur mon compte, qu'est-ce que je ferais ? »

Et je ne te demande pas de diviser le million en parts égales pour toi et tes enfants ou de savoir si tu vas donner 10 000 € à tonton François parce qu'il était sympa avec toi quand tu étais petit, non !
Je veux que tu réfléchisses à ce que tu ferais, TOI, dans les différents domaines de ta vie, si tu avais déjà cet argent. Tu vas voir : c'est un exercice intéressant...

SANTÉ

Exemple : chaque jour, je prendrais soin de mon corps en faisant une heure de tennis et je mangerais cinq fruits et légumes.

....

....

....

....

....

AMOUR

Exemple : je sortirais de la relation toxique dans laquelle je suis et je m'efforcerais de me reconstruire pour retrouver une belle personne avec qui je pourrais vivre une histoire d'amour saine et sincère.

....

....

....

....

....

....

....

ARGENT

Exemple : je m'intéresserais à la finance afin de faire fructifier mon million d'euros et d'apprendre à gagner 10 000 € supplémentaires chaque mois grâce à de bons investissements.

....

....

....

....

....

....

....

BONUS

Tu peux écrire dans les lignes ci-dessous tout ce qui te passe par la tête et qui n'est pas dans les trois domaines cités précédemment. C'est le moment de faire ta liste au père Noël ! Quelle serait ta vie si tu avais un million d'euros ?

....

....

....

....

....

....

....

....

Bien, maintenant que tu as les idées un peu plus claires et que tu sais ce que tu as envie de manifester, continue ta lecture pour savoir comment l'obtenir grâce à la Loi de l'attraction !

Quant à la Loi de croyance, souviens-toi que si tu crois fermement en quelque chose, ce quelque chose va se manifester dans ta vie. Alors crois en toi, crois en l'Univers, crois en ta bonne étoile ou en la magie, peu importe, mais fais en sorte que TON SUBCONSCIENT CROIE VÉRITABLEMENT QUE CE QUE TU VEUX PEUT ARRIVER JUSQU'À TOI !

> « Que vous pensiez être capable ou ne pas l'être, dans les deux cas vous avez raison. »
>
> HENRY FORD

Témoignages d'abonnés

Petit retour de la Loi de l'attraction : au mois de décembre j'ai gagné une somme de 500 € au loto, et aujourd'hui j'ai reçu une somme de 600 € de la mutuelle. Trop cool ! Merci Univers infini, et merci à toi Sindy.

Coucou Sindy, depuis des mois j'ai demandé à l'Univers que ma fille ait le visa pour partir travailler au Canada, et comme c'est par tirage au sort, tous les soirs avant de m'endormir je le demandais. Ce soir elle vient de m'appeler pour me dire que ça y est, elle a été tirée au sort. C'est fabuleux, je suis tellement heureuse ! Merci infiniment Sindy de m'aider tous les jours de ma vie.

Encore merci Sindy, car quand je regarde mon tableau de visualisation, je me rends compte que tout s'est réalisé en une année, c'est fou !

Coucou Sindy, un petit témoignage pour dire que la Loi de l'attraction et les mantras sont de vraies pépites. Depuis deux mois environ, je répète le mantra : « Merci infiniment de m'avoir permis de recevoir la somme de xxx € avant le 15 mai 2024 », et en effet je vais recevoir plus que cette somme énoncée avant le 15 mai 2024 ! Gratitude infinie, Univers !

Bonsoir Sindy, j'ai reçu une agréable surprise aujourd'hui : un remboursement auquel je ne m'attendais pas. Je voudrais te remercier car grâce à toi et à tes astuces, ma vie change petit à petit. Mille mercis d'être comme un ange venu dans ma vie.

La loi n° 14
LA LOI DU GENRE

L'Univers est composé du genre féminin et du genre masculin.

Le Yin et le Yang

Le Yin symbolise la féminité, le froid, la lune et les émotions.
Le Yang symbolise le masculin, la chaleur, le soleil et l'action.

Plus nous allons équilibrer ces deux parties en nous, plus nous allons nous sentir bien dans notre vie et en harmonie avec les autres. Nous avons tous besoin de ces deux genres pour trouver l'inspiration (énergie féminine) et pour créer les choses qui nous tiennent à cœur (énergie masculine).

D'un point de vue sentimental, plus tu seras toi-même une personne équilibrée, plus tu attireras quelqu'un d'équilibré.

D'un point de vue spirituel, le Yin et le Yang sont considérés comme les deux parties d'un tout, nous rappelant qu'il existe une partie de Yin en chaque homme, et une partie de Yang en chaque femme. Nous ne sommes pas des opposés : nous sommes complémentaires.

> « Yin et Yang, mâle et femelle, fort et faible,
> rigide et tendre, ciel et terre, lumière et obscurité,
> tonnerre et éclairs, froid et chaleur, bon et pervers...
> L'interaction des principes opposés constitue l'univers. »
>
> CONFUCIUS

Colorie ta part de masculin et de féminin.
En bleu : ton masculin
En rouge : ton féminin

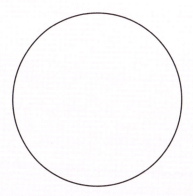

Mon exemple :

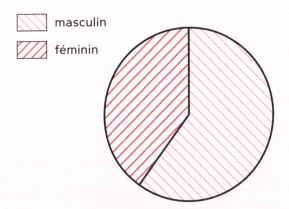

40 % de féminin, 60 % de masculin.
J'aime être féminine, mais je ne suis pas une passionnée de mode ou de maquillage. J'ai une forte tendance à l'action (je procrastine rarement), et j'adore la chaleur. Dernièrement, je me suis mise à la danse pour retrouver un peu plus de féminité et me rapprocher de l'équilibre entre mon Yin et mon Yang.

RÉSUMÉ DES 14 LOIS UNIVERSELLES

LOI N° 1 : la Loi de l'unité divine. Nous ne formons qu'un avec la source : nous avons une part de divin en nous, nous sommes les créateurs de notre vie.

LOI N° 2 : la Loi de la vibration. Tout est composé d'énergie et de vibrations dans l'Univers, toi y compris.

LOI N° 3 : la Loi de l'action. Tu dois incarner ce que tu souhaites manifester : agis comme si tu étais sûr et certain que tu allais recevoir ce que tu as demandé.

LOI N° 4 : la Loi des correspondances. Tes pensées et tes croyances intérieures se reflètent dans ton monde extérieur.

LOI N° 5 : la Loi de cause à effet. Tu récoltes ce que tu sèmes dans ta vie, alors fais attention au karma !

LOI N° 6 : la Loi de compensation. Donne plus pour recevoir plus, mais fais de toi et de ton bien-être une priorité.

LOI N° 7 : la Loi de l'attraction. Tu attires à toi les choses, les personnes et les situations qui sont sur ta fréquence.

LOI N° 8 : la Loi de transmutation de l'énergie. Tu es le conducteur de ton véhicule et c'est à toi de choisir la direction que tu vas prendre dans ton incarnation.

LOI N° 9 : la Loi de la gestation. Certaines choses prennent du temps. Apprends à être patient.

LOI N° 10 : la Loi de la relativité. Prends conscience de la chance que tu as de vivre ta vie et ressens de la gratitude dès à présent, quelles que soient les circonstances.

LOI N° 11 : la Loi de la polarité. Tu possèdes le libre arbitre et tu peux décider en conscience d'expérimenter tout et son contraire. C'est à toi de choisir.

LOI N° 12 : la Loi du rythme. La vie est faite de cycles. Profite des bons moments, apprends et tire les leçons des mauvais.

LOI N° 13 : la Loi de croyance. Ce que tu crois dans ton subconscient se manifeste obligatoirement dans ta vie !

LOI N° 14 : la Loi du genre. Nous possédons tous une part de féminin et de masculin. Cherchons l'équilibre en toutes choses.

Témoignages d'abonnés

Coucou Sindy, ce matin j'ai reçu un téléphone Samsung d'une valeur de 800 € en faisant mes courses au supermarché. J'avais reçu un bon pour ce cadeau, mais sans vraiment y croire. C'est magique ! Merci à l'Univers.

Coucou Sindy, juste pour te dire qu'à la suite de la master class, l'abondance se met en place et de belles choses arrivent naturellement dans ma vie, et c'est bien agréable. Ça marche, youpi ! Je voulais t'en faire part car j'ai beaucoup de gratitude envers la vie et l'Univers. Je t'embrasse très fort.

Coucou Sindy, je te fais donc un retour sur la master class :
cela faisait quatre ans que j'essayais de vendre une maison à Bali. Nous devions y passer notre retraite mais nous avons changé d'avis. J'ai fait ta master class, et il y a deux semaines un Américain a visité notre maison et il en est tombé amoureux. L'argent vient d'arriver sur le compte ce matin ! C'est incroyable ! Merci pour tout.

Merci Sindy, grâce à tes conseils j'ai reçu une très bonne nouvelle pour la prochaine rentrée scolaire de ma fille : elle a été admise dans un nouvel établissement. Je remerciais tous les jours l'Univers, comme si elle avait déjà été admise. Je visualisais l'établissement et la joie de ma fille à l'annonce de son admission. Merci de m'avoir aidé à faire entrer la joie et le bonheur dans la vie de ma fille.

Bonsoir Sindy, je sais qu'on est nombreux et nombreuses à vous lire et à faire ce que vous dites, mais là c'est fou !
Ma vie change, je donne et on me le rend, ce n'est que du bonheur !
Merci d'être là pour me faire avancer positivement.

Autres références
À LA LOI DE L'ATTRACTION

Tout le concept de la Loi de l'attraction ne repose pas que sur les 14 lois universelles, bien au contraire !

Depuis des millénaires, le secret de la manifestation nous a été dévoilé par différentes personnalités. De Bouddha à Gandhi, tu as pu voir dans les citations précédentes que tous les grands maîtres spirituels de l'histoire parlaient du fait que nous pouvions créer notre réalité à partir de nos pensées.

Le seul hic, c'est que c'est un peu l'inverse de ce que l'on t'a appris depuis ta naissance, pas vrai ?

En Occident, on dirait presque qu'être terre à terre est une qualité. Pire : si on n'a pas de preuve scientifique, alors on rejette tout en bloc ! Mais qu'en est-il du reste du monde ? Savais-tu que dans de nombreux pays, les chamans sont considérés comme de véritables guérisseurs et d'excellents médiums ? Sans parler des magnétiseurs, sorciers et autres rebouteux qui font partie du folklore et vers lesquels on accourt chaque fois que la science ou la médecine moderne ne parviennent plus à résoudre un problème...

Eh oui, car le rationalisme a ses limites. Comment expliquer les guérisons miraculeuses ? Comment expliquer les expériences de mort imminente ? Comment expliquer le travail des médiums ? Toutes ces choses existent bel et bien, mais la science ne peut pas encore les expliquer ! Il est donc temps d'élever notre conscience pour découvrir une approche un peu plus spirituelle de la vie[9].

---

9. Dans son livre *Le placebo, c'est vous !*, Joe Dispenza a rassemblé des dizaines de guérisons ou événements miraculeux qui ne sont pas encore expliqués par la science, et il décrit comment sa formule peut nous aider à guérir et à manifester la vie de nos rêves.

> « Aucun problème ne peut être résolu sans changer le niveau de conscience qui l'a engendré. »
>
> ALBERT EINSTEIN

Au siècle dernier, le concept de manifestation a connu un grand succès, et c'est à ce moment-là que le terme de « Loi de l'attraction » est apparu. Il est ainsi passé du statut de « secret mystique » à celui de « nouvelle tendance à la mode ».

De nombreux auteurs ont commencé à en parler dans leurs ouvrages et à décrire la manière dont ils avaient utilisé ce concept pour faire fortune et réaliser tous leurs rêves.

Parmi les auteurs les plus célèbres, on retrouve (par ordre alphabétique) :

- Gregg Braden : écrivain, conférencier et chercheur américain dans les domaines de la spiritualité, de la science et de la médecine alternative. Il est célèbre dans le monde de la Loi de l'attraction pour ses ouvrages et ses conférences sur le pouvoir de la pensée et de l'intention. Voici quelques-uns de ses livres :
  - *La Divine Matrice. Unissant le temps et l'espace, les miracles et les croyances*
  - *Le Code de Dieu. Le secret de notre passé, la promesse de notre avenir*
  - *Les Secrets de l'art perdu de la prière*

- Jack Canfield : auteur américain, conférencier et coach en développement personnel. Il est principalement connu pour sa contribution au domaine de la Loi de l'attraction et pour son best-seller *Le succès selon Jack. Les principes du succès pour vous rendre là où vous souhaiteriez être !* Voici quelques-uns de ses livres :
  - *La Clé pour vivre selon la loi de l'attraction. Un guide simple pour créer la vie de vos rêves*
  - *Un premier bol de bouillon de poulet pour l'âme*

- Dolores Cannon : hypnothérapeute américaine connue dans le monde de la Loi de l'attraction en raison de ses livres et de ses conférences sur des sujets tels que la réincarnation, les mondes parallèles, la conscience cosmique et l'évolution de l'âme. Voici quelques-uns de ses livres :
  - *Les Trois Vagues de volontaires et la nouvelle Terre*
  - *Manifester les désirs dans la réalité*

- **Paulo Coelho** : écrivain brésilien mondialement connu pour ses romans philosophiques et inspirants. Il est célèbre dans le monde de la Loi de l'attraction car ses œuvres explorent des thèmes tels que la recherche du bonheur, la force de la pensée positive et la connexion spirituelle avec l'Univers. Voici quelques-uns de ses livres :
  - *L'Alchimiste*
  - *Onze minutes*
  - *La Voie de l'archer*

- **Joe Dispenza** : auteur, conférencier et enseignant américain connu pour son travail dans le domaine de la neurologie, de la médecine quantique et de la Loi de l'attraction. Il est célèbre pour ses ouvrages et ses conférences qui explorent le lien entre la pensée, les émotions, la santé et la manifestation de la réalité. Voici quelques-uns de ses livres :
  - *Devenir super-conscient*
  - *Rompre avec soi-même*
  - *Le placebo, c'est vous ! Comment donner le pouvoir à votre esprit*

- **Wayne Dyer** : auteur, conférencier et spécialiste du développement personnel, particulièrement connu pour ses écrits et ses discours sur la Loi de l'attraction et la spiritualité. Il était célèbre pour ses enseignements sur la capacité des individus à manifester leurs désirs en alignant leurs pensées, leurs émotions et leurs actions. Voici quelques-uns de ses livres :
  - *Le Pouvoir de l'intention. Réalisez tous vos désirs en vous connectant à l'intelligence universelle*
  - *Changez vos pensées, changez votre vie. Le bonheur selon Lao-Tseu : la sagesse du tao au quotidien*
  - *Les Dix Secrets du succès et de la paix intérieure. Écouter son âme, ouvrir son cœur*

- **Neville Goddard** : philosophe et écrivain américain du xxe siècle, connu pour sa contribution à la perspective de la Loi de l'attraction. Il est célèbre pour ses enseignements sur la puissance de l'imagination dans la création de la réalité et sur la capacité de chacun à manifester ses désirs. Voici quelques-uns de ses livres :
  - *L'imagination crée la réalité*, suivi de *L'émotion est le secret*
  - *La Loi. L'Œuvre intégrale*

- **Louise Hay** : auteure et conférencière américaine célèbre dans le monde de la Loi de l'attraction et du développement personnel. Elle est connue pour son approche positive de la vie, mettant l'accent sur l'amour de soi et la guérison intérieure. Voici quelques-uns de ses livres :
  - *Transformez votre vie*
  - *Vous pouvez changer votre vie ! Le pouvoir des affirmations positives et de la visualisation*

- **Esther** et **Jerry Hicks** : couple d'auteurs et de conférenciers américains connus dans le monde de la Loi de l'attraction pour transmettre les enseignements d'une entité spirituelle nommée Abraham. Leurs livres et leurs séminaires sont populaires auprès de ceux qui s'intéressent à la manifestation de leurs désirs et à la création délibérée de leur réalité. Voici quelques-uns de leurs livres :
  - *Demandez et vous recevrez. La loi universelle de l'attraction selon les enseignements d'Abraham*
  - *Abraham parle* (tomes 1 et 2)

- **Napoleon Hill** : auteur américain qui est principalement connu pour son livre *Réfléchissez et devenez riche*. Il est célèbre dans le monde de la Loi de l'attraction car il a été l'un des premiers à populariser cette philosophie de pensée positive et de visualisation pour atteindre le succès dans tous les domaines de la vie. Voici quelques-uns de ses livres :
  - *Réfléchissez et devenez riche*
  - *La loi du succès en 16 brèves leçons. La masterclass originale sur l'accomplissement personnel*

- **Joseph Murphy** : écrivain et conférencier américain qui s'est spécialisé dans le domaine de la Loi de l'attraction. Il a écrit de nombreux livres sur la dynamique de la pensée, l'autosuggestion et le subconscient. Voici quelques-uns de ses livres :
  - *La Puissance de votre subconscient. Le Secret d'une force prodigieuse à votre portée*
  - *Comment utiliser les pouvoirs du subconscient*

- **Earl Nightingale** : auteur, conférencier et radiodiffuseur américain du XXe siècle. Il est célèbre dans le monde de la Loi de l'attraction pour ses enseignements et ses écrits sur le succès, la motivation et le développement personnel. Il est notamment connu pour sa citation célèbre : « Nous devenons ce que nous pensons. » Voici son livre le plus connu : *Le Plus Étrange des Secrets*.

- Bob Proctor : conférencier, auteur et coach en développement personnel canadien. Il est célèbre dans le monde de la Loi de l'attraction pour ses livres, conférences et programmes qui visent à aider les individus à réaliser leur plein potentiel et à atteindre le succès dans tous les domaines de leur vie. Voici quelques-uns de ses livres :
    - *Changez de paradigme, changez de vie*
    - *Vous êtes né riche*
    - *L'ABC de la réussite*
- Anthony Robbins : entrepreneur américain, coach en développement personnel et auteur à succès. Il est particulièrement connu pour ses séminaires de motivation et de développement personnel, ainsi que pour ses ouvrages sur le sujet. Il utilise des techniques de visualisation, de programmation neurolinguistique et de motivation pour aider les individus à surmonter leurs peurs et à réaliser leur plein potentiel. Voici quelques-uns de ses livres :
    - *Pouvoir illimité. Changez de vie avec la PNL*
    - *L'Éveil de votre puissance intérieure*
- Jim Rohn : auteur, conférencier et entrepreneur américain, connu pour ses idées sur le développement personnel, la réussite et la Loi de l'attraction. Il est considéré comme l'un des pionniers dans le domaine du développement personnel et a influencé de nombreuses personnes à travers le monde. Voici son livre le plus connu :
    - *Stratégies de prospérité.*
- Joe Vitale : auteur, conférencier et expert en développement personnel, plus spécifiquement dans le domaine de la Loi de l'attraction. Il est également connu pour son travail en matière de marketing Internet et de spiritualité. Ses livres se concentrent sur l'importance des pensées et des émotions positives pour attirer le succès et le bonheur dans sa vie. Voici quelques-uns de ses livres :
    - *Zéro limite. Le Programme secret hawaïen pour l'abondance, la santé, la paix et plus encore*
    - *Le Facteur d'attraction. 5 étapes faciles pour attirer la richesse ou combler tous vos désirs*
    - *Le Millionnaire éveillé. Trouver l'équilibre entre la quête de la richesse et la croissance spirituelle*
- Wallace D. Wattles : auteur américain du XIXe siècle, connu pour ses écrits sur la philosophie du New Age et la pensée positive. Il est célèbre dans le monde de la Loi de l'attraction en raison de son livre emblématique *La Science de l'enrichissement. Attirez la réussite*

financière, qui est considéré comme l'un des premiers ouvrages à aborder le sujet de la pensée positive et de la manifestation des désirs à travers la Loi de l'attraction.

Au début des années 2000, il y a eu un regain de cette tendance avec le livre intitulé *Le Secret*, de Rhonda Byrne. Le livre s'est vendu à plus de 30 millions d'exemplaires et a été traduit dans plus de 50 langues, permettant à tout un chacun de découvrir le fameux secret de la Loi de l'attraction.

J'ai moi-même parcouru bon nombre d'ouvrages de ces auteurs, mais chaque fois que je les terminais, il me manquait toujours une pièce du puzzle pour comprendre exactement ce que je devais faire pour manifester. Voilà comment est née l'idée du livre que tu tiens entre tes mains. Mais avant de te dévoiler les différentes techniques de manifestation, il me faut encore te parler d'une chose : la physique quantique…

Témoignages d'abonnés

Coucou Sindy, il y a quelque temps je t'avais demandé conseil pour l'examen du permis de conduire de ma fille. Eh bien elle l'a passé hier et devine quoi : elle l'a eu et son inspecteur était super sympa ! Elle avait dessiné une rune sur ses deux poignets et même sur ses chevilles, et moi j'avais demandé à l'Univers ce qu'il y avait de mieux pour elle. Merci à toi Sindy, depuis que je te connais, ma vie change doucement.

Bonjour Sindy, à chaque fois que j'écoute l'un de vos audios, j'ai un virement qui tombe ! Merci pour ces cadeaux que vous nous faites.

Coucou Sindy, ce soir je voulais te faire partager ma grande joie et te remercier aussi pour tes enseignements sur la Loi de l'attraction. Ma fille vient d'être admise au barreau et est officiellement avocate. Merci pour tout. Je suis très heureuse que tu fasses partie de ma vie. Je t'embrasse.

Bonjour Sindy, je suis beaucoup plus heureuse, sereine et épanouie depuis que je t'ai rencontrée sur les réseaux. Je répète tous les jours tes reels sur l'abondance et il s'avère que depuis que tu es entrée dans ma vie, l'argent vient à moi plus facilement. Merci, merci, merci infiniment.

Coucou Sindy, j'ai réussi à me débarrasser d'un souci de santé avec une manifestation. Le résultat a été au rendez-vous le lendemain, j'étais émerveillé.

LA PHYSIQUE QUANTIQUE

En général, quand les gens voient les mots « physique » et « quantique » dans la même phrase, ils commencent à avoir des sueurs froides, mais n'aie crainte, cher lecteur, car je vais simplement t'expliquer deux ou trois concepts élémentaires de la physique quantique afin que tu comprennes qu'il y a une véritable base scientifique à la Loi de l'attraction. Eh oui, tu ne t'y attendais pas à celle-là, n'est-ce pas ? Pourtant, c'est bel et bien le cas, et le jour où j'ai découvert toutes ces preuves, je me suis demandé pourquoi on ne m'avait jamais appris ce genre de choses à l'école…

Alors, accroche-toi, car même si je vais simplifier les choses au maximum, il faut quand même que tu saisisses quelques concepts singuliers.

TOUT D'ABORD, LE CONCEPT D'ATOME !

Notre monde est formé d'atomes, plus précisément de milliards et de milliards et de milliards d'atomes. Un seul être humain est constitué de 7 octillions d'atomes, soit :

7 000 000 000 000 000 000 000 000 000 atomes.

Sachant qu'un atome est lui-même constitué de 99,99 % de vide et de 0,01 % de matière, le monde matériel que nous connaissons est en réalité composé de vide, également appelé énergie[1].

Je t'ai fait le dessin d'un atome pour que tu comprennes à quoi ça ressemble.

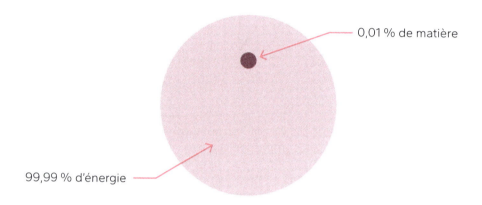

Imagine maintenant 7 octillions d'atomes ensemble, et tu obtiens un être humain !

FUN FACT N° 1: Le monde matériel tel que nous le connaissons tiendrait dans un dé à coudre si nous enlevions toute l'énergie des atomes !!!

---
1. C'est pas sorcier, «De quoi un atome est-il composé?»: https://www.youtube.com/watch?si=T-jXiVSmG4swisbH&v=uSZ8bL7KA_Y&feature=youtu.be

> « Un dé à coudre rempli de tourbillons de rien : c'est l'humanité. »
>
> RENÉ BARJAVEL

FUN FACT N° 2 : Barjavel est l'un de mes auteurs préférés, hihihi…

CONCEPT N° 2 : L'EFFET OBSERVATEUR !

Comme tu viens de l'apprendre, 99,99 % du monde qui t'entoure est composé d'énergie, mais à présent tu vas comprendre en quoi cela va changer ta vie !

En 1801, le physicien Thomas Young décida de faire une expérience aujourd'hui connue sous le nom « d'expérience de la double fente[2] ». Pour faire simple : il fit passer un faisceau lumineux (des ondes) à travers deux fentes, puis il observa le dessin produit sur le mur derrière (ce dessin est appelé un patron d'interférences).

→ Lorsqu'il laissait le faisceau lumineux sans surveillance, le patron d'interférences était celui d'une onde.

→ Lorsqu'il plaçait un détecteur pour savoir par quelle fente l'onde était passée, le patron d'interférences devenait celui d'une particule.

Autrement dit, l'onde (= l'énergie) se comportait comme une onde si personne ne l'observait, mais devenait littéralement une particule (= de la matière) dès que quelque chose ou quelqu'un l'observait ! Cette expérience est considérée comme l'une des plus troublantes de la physique quantique puisqu'aucun scientifique ne peut vraiment l'expliquer.

En effet, comment est-il possible d'expliquer que de l'énergie se transforme en matière lorsqu'il y a un observateur ? Eh bien, pour l'instant personne ne le sait, mais c'est bel et bien ce qui se passe.

---

2. Balade Mentale, « L'expérience quantique qui a transformé notre façon de voir le monde : la double fente de Young » : https://www.youtube.com/watch?v=velSDhvZwZo&t=118s

C'est un peu comme quand tu allumes ton téléphone le matin et que tu te connectes à Internet. Tu ne sais pas forcément comment ça fonctionne, mais le principal, c'est que ça marche.

Voici un petit dessin qui résume l'expérience de la double fente :

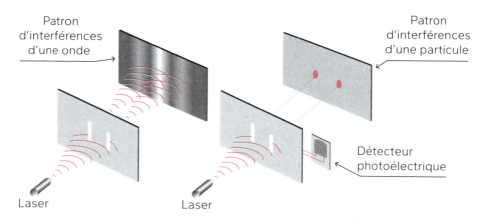

À présent, relions cette expérience avec toi, cher lecteur. En quoi cette merveilleuse expérience scientifique va-t-elle t'aider à comprendre la Loi de l'attraction ? Eh bien, c'est simple : pour l'instant, dans ton cerveau, la partie rationnelle et analytique est bien plus forte que la partie qui aimerait croire à la magie. Or je te rappelle que ce que tu crois se manifeste toujours dans ta vie !

Tu vas donc devoir passer de cette vision du monde que l'on t'a inculquée depuis ton enfance :

Le monde est fait de matière qui naît, grandit et meurt. Il n'existe rien d'autre que la matière, et toute chose doit être prouvée scientifiquement avant d'être considérée comme vraie...

À cette nouvelle vision du monde, ce nouveau paradigme :

> Le monde entier est composé d'énergie.
> L'énergie se transforme en matière en fonction
> de la personne qui l'observe. Tout être humain peut donc
> changer l'énergie en matière grâce à l'effet observateur…

Et qui est l'observateur de ta vie ? Toi-même ! Tu dois donc diriger consciemment tes pensées et tes émotions vers l'énergie universelle afin que celle-ci se transforme en matière dans ta vie sous forme de personnes, de rencontres et d'événements[3].

Ça fait tout de même un gros changement, et ton cerveau subconscient n'est pas du tout prêt à abandonner tout de suite ses anciennes croyances !!! Je te conseille donc de relire régulièrement ce passage, et même de regarder plusieurs vidéos expliquant cette expérience. Plus tu vas la comprendre intellectuellement, plus ton subconscient va l'accepter comme vraie, plus tu vas manifester rapidement ce que tu souhaites. En résumé :

> OUI, il existe vraiment quelque chose
> de plus que la matière.
> OUI, le monde est vraiment fait d'énergie
> (99,99 % de tout ce qui t'entoure).
> OUI, nous pouvons manipuler
> cette énergie grâce à nos pensées.

---

3. Dans le documentaire « Que sait-on vraiment de la réalité ? », le concept de l'effet observateur est expliqué en détail : https://www.youtube.com/watch?v=XuCNIOCKB2c&t=91s

Témoignages d'abonnés

Bonjour Sindy. Depuis l'écoute de ta master class, je me concentrais sur ma demande à l'Univers de « m'avoir fait rencontrer un homme extraordinaire ». Et il est arrivé avec son carrosse, avec toutes les caractéristiques de mon homme idéal.

Chère Sindy, juste pour vous dire que la Loi de l'attraction a fonctionné : au lieu de devoir rembourser une grosse somme d'argent pour le prix de l'énergie, ce sont eux qui nous remboursent 299 €. Je suis trop contente.

Bonjour Sindy, je fais vos rituels et mantras chaque jour, et ce soir j'ai reçu une belle surprise de mon papa qui m'a envoyé un chèque de 500 € alors que ce n'était pas prévu ! Merci.

Hello Sindy, j'ai demandé à l'Univers qu'il protège mon fils et lui ouvre le chemin de la réussite. En quinze jours, il a eu son BTS avec 14 de moyenne, du coup il a été accepté dans l'école d'ingénieurs de son choix, il a trouvé un patron pour son alternance dans une petite société qui lui donne carte blanche pour améliorer les systèmes informatiques, et il a même trouvé un appartement en plein centre-ville. Je ne pouvais pas rêver mieux pour lui, donc gratitude infinie. Merci l'Univers et merci à toi pour tes conseils.

Merci pour tes mantras, j'ai eu une belle surprise : un virement inattendu et une autre bonne nouvelle, ma fille va aller au collège que j'ai demandé.

CONCEPT N° 3 : LE CHAMP QUANTIQUE ET L'EFFONDREMENT DE LA FONCTION D'ONDE !

```
                    5D      CHAMP QUANTIQUE ET VIES POSSIBLES
    Supraconscient                  x x x x x x x x x
    ─────────────────────────────────────────────────────────
                    4D
                            SUBCONSCIENT / PROGRAMME
    Subconscient
    ─────────────────────────────────────────────────────────
                    3D              👤
    Conscient
```

Dans le champ quantique, le temps linéaire n'existe pas. Concrètement, cela veut dire que tout existe déjà et que toutes nos vies possibles se superposent les unes aux autres. Pas de passé, pas de présent ni de futur : le champ quantique est un champ d'informations qui contient tout ce qui a été, est et sera. On appelle ce champ le supraconscient, ou la 5D, la cinquième dimension.

Juste en dessous, nous avons la 4D, la quatrième dimension, celle qui correspond au cerveau subconscient et à notre programme (nos croyances, notre culture, la façon dont nous voyons la vie et qui nous sommes en tant qu'individu…).

Enfin, il y a la 3D, la troisième dimension, qui correspond au monde tel que nous le connaissons avec nos cinq sens. C'est la partie que nous expérimentons le plus souvent, celle qui correspond à la partie consciente de notre cerveau.

Chaque jour, nous nous réveillons dans la 3D, la troisième dimension. Nous nous levons avec nos problèmes, nos défis, nos réussites, notre travail, notre maison, notre famille et notre petite routine quotidienne. Le problème, c'est qu'une fois que cette routine s'est installée, il est bien difficile d'en changer car nous sommes pris dans une fréquence et une vibration qui correspondent exactement à ce que nous vivons au quotidien.

Nous avons donc une vibration normale qui correspond à notre vie normale, et c'est la fréquence que nous envoyons à chaque instant au champ quantique. En tant qu'observateur du champ quantique, nous choisissons donc (inconsciemment) une potentialité parmi toutes nos vies possibles, et les ondes dans le champ quantique se matérialisent dans notre vie sous forme de matière (personnes ou événements). On appelle cela l'effondrement de la fonction d'onde : le moment où l'onde devient matière sous l'effet de celui qui l'observe.

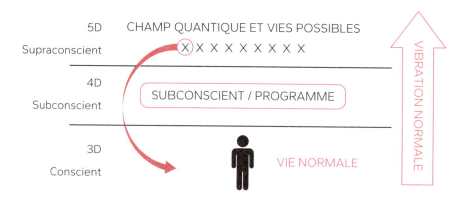

De temps en temps, quelque chose se passe dans notre vie et nous réagissons en envoyant une nouvelle information au champ quantique, mais sans en avoir conscience.

Par exemple : un matin, la voiture tombe en panne et on se met à paniquer en imaginant le montant de la facture et les difficultés que l'on va avoir à boucler notre fin de mois. Ces vibrations vont directement dans le champ quantique et sélectionnent une nouvelle possibilité qui va se matérialiser dans les jours ou les semaines suivantes par des difficultés économiques (nouvel effondrement de la fonction d'onde).

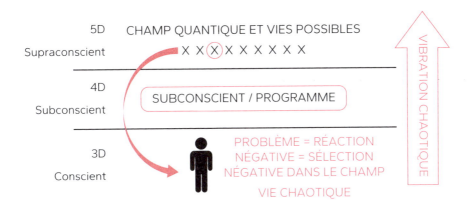

Dans ces deux cas, les pensées et les émotions que nous envoyons au champ quantique sont dictées par notre cerveau subconscient. Ce sont des réactions apprises au cours de toute une vie, et le mode par défaut de l'être humain est d'être prêt à affronter n'importe quel scénario catastrophe. Autrement dit, nos réactions, nos pensées et nos émotions par défaut sont en mode survie-peur-chaos, et c'est exactement ce qui est reçu dans le champ quantique. Tel un boomerang, et par le principe d'effondrement de la fonction d'onde, celui-ci nous renvoie exactement ce qui correspond à notre vibration, c'est-à-dire encore plus de survie-peur-chaos...

À partir du moment où l'on a compris cela, vient la question à un million d'euros (heureusement que le livre t'a coûté moins cher, cher lecteur) : est-il possible de modifier notre subconscient afin d'envoyer des informations différentes au champ quantique ? En effet, si l'on parvenait à envoyer une vibration intentionnelle au champ quantique, en choisissant délibérément la fréquence de notre vie idéale, est-ce que cette vie idéale se matérialiserait ensuite dans notre vie réelle, dans la 3D ?

Eh bien, la réponse est OUI ! Je le sais parce que je l'ai expérimenté, des milliers de personnes l'ont expérimenté, et tu l'as peut-être déjà expérimenté toi-même dans le passé !

> OUI, on peut modifier notre subconscient
> afin d'envoyer une vibration intentionnelle
> au champ quantique et ainsi provoquer l'effondrement
> de la fonction d'onde de notre vie idéale !

Avec une vibration intentionnelle, nous prenons les commandes de notre incarnation en parlant directement au champ quantique pour lui indiquer ce que nous souhaitons obtenir dans la vie (1). Nous passons au-delà du subconscient (2) car nous choisissons consciemment de sélectionner LA vie que nous voulons obtenir et nous envoyons sans cesse la même vibration au champ quantique (3). Ainsi, les ondes et les informations ne partent plus dans tous les sens, et nous recevons alors une vie beaucoup plus alignée avec ce que nous souhaitons réellement (4).

Nous prenons conscience du pouvoir de nos pensées et nous passons du statut de victime à celui de créateur de notre propre réalité.

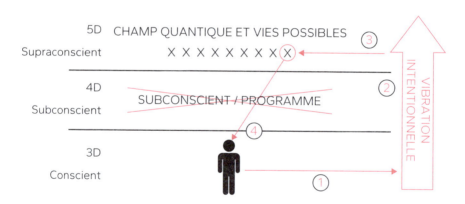

Témoignages d'abonnés

Coucou Sindy, je voulais te faire un petit retour sur le rituel de pleine lune. Je l'ai fait le 31, j'ai souhaité l'abondance financière, et en deux jours j'ai eu deux rentrées d'argent qui vont dans le sens de ce que j'ai demandé : 1 300 € ! Merci, merci, merci.

Coucou Sindy, la Loi de l'attraction, c'est un truc de fou !
Mon compagnon devait recevoir une somme assez importante avec quatre zéros au mois de septembre, mais les choses sont tellement compliquées niveau financier pour nous que j'ai fait la visualisation de cette somme, et bim : il l'a reçue aujourd'hui, un mois avant la date prévue !

Coucou Sindy, j'ai encore eu de superbes résultats. J'ai manifesté ma titularisation au collège qui, au départ, devait être un simple contrat de trois ans. J'ai manifesté la vente de ma voiture. J'ai manifesté une solution pour que le permis de construire de ma maison soit validé, et le maire a même fait changer une loi pour permettre mon permis, mais permettre aussi à beaucoup d'autres personnes de faire construire leur maison ! J'ai aussi manifesté ma nouvelle voiture que je vais chercher samedi, et l'argent commence à prendre sa place dans ma vie. Je suis trop contente que l'Univers me gâte autant.

Coucou Sindy, ce matin ma fille vient de passer son oral de français, et je l'ai visualisée en train de faire son oral avec un sourire et une décontraction incroyables. Résultat : son oral s'est super bien passé et l'examinateur était très satisfait. Pourtant ma fille est quelqu'un qui a très peu confiance en elle et qui est plutôt sujette aux crises d'angoisse, mais quand elle m'a appelée, j'ai eu l'impression d'avoir au téléphone une personne courageuse, avec énormément de confiance et d'estime d'elle-même. Grâce à toi, Sindy, ma vie est remplie de multiples miracles.

RÉSUMÉ DU CONCEPT DE PHYSIQUE QUANTIQUE

- Le monde est fait d'énergie à 99,99 % (les atomes).
- Cette énergie peut se transformer en matière selon la personne qui l'observe (l'effet observateur).
- Tu es la personne qui observe ta vie et tu peux donc créer ta vie à partir de ton observation (l'effondrement de la fonction d'onde).

Dans la seconde partie du livre, je vais t'expliquer en détail comment tu dois t'y prendre pour observer ta vie et provoquer un effondrement de la fonction d'onde, mais retiens bien la théorie et relis-la régulièrement afin de créer de nouvelles croyances dans ton subconscient.

LE MINDSET

Maintenant que tu connais les 14 lois universelles et que tu as des bases en physique quantique, tu vas enfin pouvoir manifester correctement !
Le savoir, c'est le pouvoir, donc plus tu vas comprendre les mécanismes de la Loi de l'attraction, plus ta croyance va se renforcer, et plus tu vas manifester ce que tu souhaites.

Personnellement, le jour où j'ai découvert toutes ces données et expériences scientifiques, je me suis demandé pourquoi je ne les avais pas apprises à l'école, car cela m'aurait évité bien des maux de tête à l'âge adulte. Eh oui, parce que si j'avais su que les atomes (et donc le monde entier) étaient composés à 99,99 % d'énergie, j'aurais certainement cru à la puissance de l'énergie bien avant mes 36 ans !

Mais ce n'est pas grave, et de même que je ne regrette pas les dix-sept années passées avec un ex toxique, ne regrette rien dans ta vie. Tu as peut-être vécu des choses difficiles, mais elles ont fait de toi qui tu es aujourd'hui.

Tu es une personne plus forte, plus combative, plus résiliente, plus positive, plus spirituelle et plus bienveillante que ton ancienne version, et peut-être que si tu n'avais pas eu le même vécu, tu ne serais pas cette personne-là aujourd'hui...

La bonne nouvelle, c'est que tu as désormais toutes les cartes en main pour convaincre ton subconscient que la Loi de l'attraction existe bel et bien. Maintenant, la difficulté va être de convaincre ton cerveau qu'elle peut marcher pour TOI...

En effet, qui n'a jamais entendu un témoignage de guérison miraculeuse tout en se disant que c'était impossible pour lui-même ? Quand on écoute les témoignages d'autres personnes, c'est un peu à double tranchant : on peut se sentir soit exalté par la possibilité d'y arriver soi-même, soit écrasé par la peur de ne pas y parvenir.

Moi, tu me connais : je préfère le positif au négatif.

Par conséquent, je choisis en conscience d'être exaltée par la possibilité d'y arriver !

En réalité, la vie est plutôt simple car nous avons toujours le choix entre deux options :

- le positif ou le négatif ;
- croire ou ne pas croire ;
- poursuivre ses rêves ou les abandonner ;
- tenir bon ou lâcher l'affaire...

Bref, je pense que tu as compris le principe. Ce qui est important, c'est que tu saches que tu as toujours le choix. Tu possèdes le fameux LIBRE ARBITRE dont tout le monde parle en spiritualité, et c'est un superpouvoir si tu l'utilises bien ! En effet, tu peux choisir chaque jour de parvenir à ton but malgré les obstacles, malgré les difficultés et malgré les circonstances de ta vie.

Connais-tu l'histoire du Dr Joe Dispenza ?

Ce monsieur est à l'heure actuelle un pionnier dans le domaine de la physique quantique. Ses travaux portent sur le pouvoir de l'esprit sur le corps, et grâce à ses techniques de méditation, des centaines de gens parviennent à améliorer leur santé chaque année !

Son histoire est la suivante : en 1986, alors qu'il participait à un triathlon, une voiture fonça sur lui violemment et le projeta à plusieurs mètres dans les airs, lui fracturant six vertèbres au passage. À l'époque, il n'avait que 23 ans, et à l'hôpital tous les chirurgiens et spécialistes qui se succédèrent à son chevet lui donnèrent le même pronostic : s'il ne se faisait pas opérer, il ne remarcherait probablement plus jamais... Joe Dispenza explique lui-même dans de nombreuses interviews qu'il ne sait pas vraiment pourquoi il a refusé l'opération. Était-ce la fougue de la jeunesse, ou bien une intuition divine qui le poussa à choisir une autre solution ? Quoi qu'il en soit, ayant refusé la chirurgie, il fut contraint de rester allongé sur un lit d'hôpital sans pouvoir bouger. Au cours de ces interminables journées, il se dit qu'il devait y avoir quelque part une conscience, une énergie qui lui avait donné la vie et qui lui permettait de respirer, de digérer et de se régénérer à chaque seconde.

Il se dit que s'il arrivait à entrer en contact avec cette conscience, celle-ci pourrait lui répondre et lui donner une solution. Alors, il se mit à méditer. Chaque jour, pendant plusieurs heures, il visualisait dans son esprit comment sa colonne vertébrale se reconstruisait et comment son corps récupérait une parfaite santé. D'une part, il décida de ne laisser entrer dans son esprit aucune information ou pensée qui pourrait le déstabiliser ou lui faire perdre espoir, et d'autre part il se força à recommencer chaque méditation dès qu'une pensée négative traversait son esprit.

Chaque jour, inlassablement, il recommençait ses méditations et reconstruisait sa colonne vertébrale dans son esprit. Joe Dispenza explique qu'en dix semaines, il pouvait déjà remarcher, et qu'au bout de douze semaines il put reprendre l'entraînement.

Incroyable, n'est-ce pas ? Mais ce qui est encore plus génial, c'est que depuis ce jour cet homme s'est consacré à la recherche scientifique. Il voulait savoir comment il avait réussi à se guérir par la pensée, et depuis quelques années, les témoignages concernant sa méthode sont littéralement miraculeux ! Des centaines de personnes guérissent par la seule force de leurs pensées. Et qu'est-ce que cela veut dire ? Cela veut dire que dans chaque domaine de notre vie, quel que soit l'obstacle qui se présente devant nous, nous devons faire fi des circonstances et nous visualiser dans le résultat que nous voulons obtenir.

Souviens-toi de ce que je t'ai raconté au début du livre : pendant plusieurs semaines, j'ai moi-même testé cette technique en imaginant que j'étais en parfaite santé et que je pouvais vivre tout à fait normalement, alors qu'en réalité je ne pouvais plus rien manger depuis des semaines à cause d'un trouble anxieux généralisé ! Grâce à l'Univers, la méthode a fonctionné et j'ai guéri, je suis donc la preuve que c'est possible ! Joe Dispenza et tous ses élèves sont la preuve que c'est possible ! Et toi aussi, tu peux devenir la preuve que c'est possible.

Alors, je sais ce que tu vas me dire : « Sindy, c'est difficile à faire », mais n'est-il pas plus difficile de vivre une vie qui ne te remplit pas de joie et de gratitude ? L'un de mes mentors disait toujours : « La réussite, c'est 10 % de technique et 90 % de *mindset*. » Quatre ans après avoir commencé mon éveil spirituel, je pense sincèrement qu'il a raison… Tu auras beau connaître toutes les techniques du monde, si tu n'es pas motivé pour y arriver, tu vas abandonner au bout de quelques jours ou de quelques semaines. On le fait tous quand vient le 31 décembre ! On se met à réfléchir à de belles et grandes résolutions que l'on aimerait mettre en place, mais que l'on abandonne au bout d'une semaine parce que la routine nous a rattrapés…

Eh oui, car le problème avec la Loi de l'attraction, c'est la Loi de la gestation ! Souviens-toi : il faut un peu de temps à l'Univers pour mettre en place ce que tu lui demandes. Du coup, il faut que tu tiennes le coup sur la longueur si tu veux obtenir des résultats…

En conclusion : quel que soit le domaine dans lequel tu souhaites manifester, tu vas devoir apporter quelques changements dans ta vie. Par exemple, si je te dis de méditer ou de visualiser cinq minutes par jour, il va falloir que tu réorganises tes activités pour trouver le temps de le faire. Il faut vraiment que tu me fasses confiance. La routine que je t'ai préparée dans la deuxième partie du livre est facile à mettre en place, mais il faut que tu t'y tiennes ! Lorsque tu auras obtenu tes premiers résultats, tu pourras les noter dans les pages prévues à cet effet à la fin du livre, et à partir de là, ta croyance se renforcera à chaque nouvelle victoire.

Et en attendant d'avoir tes propres résultats, n'oublie pas de regarder les témoignages inspirants de mes abonnés dans les encarts « Témoignages d'abonnés » tout au long du livre. Il y a aussi des centaines de retours disponibles sur ma page Instagram, au cas où tu aurais envie d'aller voir ce qu'il est possible de faire avec la Loi de l'attraction.

Partie 2

LES TECHNIQUES POUR BIEN UTILISER LA LOI DE L'ATTRACTION AU QUOTIDIEN

QUELS SONT TES OBJECTIFS ?

> « Il faut d'abord savoir ce que l'on veut, il faut ensuite avoir le courage de le dire, il faut enfin l'énergie de le faire. »
>
> GEORGES CLEMENCEAU

Vouloir utiliser la Loi de l'attraction, c'est très bien, mais sais-tu au moins ce que tu veux dans la vie ? Si tu as fait les exercices de la première partie, tu dois à peu près savoir ce que tu souhaites dans les trois domaines principaux : santé, amour et argent.

Réécris ici tes objectifs pour chaque domaine.

SANTÉ

....

....

....

....

....

AMOUR

....
....
....
....
....

ARGENT

....
....
....
....
....

Maintenant, nous allons approfondir un peu plus tes envies. En plus des trois grands piliers que nous venons d'évoquer, je vais te parler de la mission de vie.

La mission de vie, c'est l'appel de ton âme, c'est cette fameuse flamme dont parlent tous les mentors, c'est l'objectif ultime pour lequel tu es descendu sur terre ! Parce que moi, personnellement, je suis convaincue que nous sommes descendus sur terre pour quelque chose… Pas toi ? Moi, je crois que nous sommes venus sur terre pour faire en sorte que l'humanité évolue vers plus d'amour, de joie, de paix, d'abondance, d'enthousiasme et de lumière. Et il n'y a pas besoin d'être dans la spiritualité pour apporter de l'amour et du bonheur aux gens ! Un cuisinier rend les gens heureux avec ses plats exceptionnels, une infirmière sauve des vies grâce à ses connaissances, un professeur peut inspirer des centaines de personnes au cours d'une carrière… Chaque métier est important, du moment qu'il est fait avec bienveillance et amour.

FUN FACT : Savais-tu que le mot « enthousiasme » vient du grec « *enthousiasmos* » et signifie « inspiré par les dieux » ?

Si tu cherches ta mission de vie, sache qu'il existe un moyen pour la trouver : il s'agit d'une méthode japonaise qui s'appelle l'Ikigaï. Il suffit que tu te poses les quatre questions suivantes :

- Qu'est-ce que j'aime faire dans la vie ?
- Quels sont mes points forts ?
- Qu'est-ce que les gens seraient prêts à acheter ?
- De quoi le monde a-t-il besoin ?

COMMENT TROUVER SON IKIGAÏ

Si tu réponds honnêtement à ces questions, tu devrais trouver rapidement ta mission de vie. Voici mon exemple personnel :

- Qu'est-ce que j'aime faire dans la vie ? Parler de spiritualité et écrire.
- Quels sont mes points forts ? J'aime jouer avec les mots et je suis de nature optimiste.
- Qu'est-ce que les gens seraient prêts à acheter ? Des connaissances et des formules qui leur permettraient d'améliorer leur vie.
- De quoi le monde a-t-il besoin ? D'amour, de lumière et d'humour.

Si tu prends ces réponses et que tu mélanges le tout, ça devrait te donner @eveil_spirituel, n'est-ce pas ?

Alors, maintenant, c'est à toi de trouver ton Ikigaï ! Arrête ta lecture et pose-toi les quatre questions fondamentales. Prends le temps d'écouter ta petite voix intérieure, note toutes tes réponses, puis prends un mixeur et mélange tous les ingrédients. Qu'est-ce que ça donne[1] ?

---

1. David Laroche, « Comment trouver sa mission de vie en moins de 3 minutes » : https://www.youtube.com/watch?v=LJu02cmK31o&list=PLnq6hJzbF82pvffYdFRdY-mljak_NUkTmg&index=138

Témoignages d'abonnés

Bonjour belle Sindy, je suis heureuse de t'annoncer l'édition de mon premier livre, qui a pu naître grâce à tes précieux conseils !

Ça marche ! J'attendais une somme d'argent depuis plusieurs mois. Je désespérais, alors j'ai visualisé la somme sur mon compte pour le 30 juin. Nous sommes le 3 juillet et je l'ai reçue ! Merci Sindy !

Bonjour, je t'envoie ce message depuis l'île de la Réunion. Je voulais te remercier infiniment et remercier l'Univers de t'avoir mise sur ma route. Énormément de choses se débloquent pour ma petite famille, alors qu'on était au bord du désespoir. L'abondance arrive petit à petit et beaucoup d'opportunités s'offrent à nous. Merci.

Bonjour Sindy, ça va faire un mois que j'ai découvert ton compte Instagram et que je te suis. Et en à peine quelques jours, je ne sais pas comment l'expliquer mais je me suis sentie plus forte (moi qui ai peu confiance en moi) ; une réponse que j'attendais depuis des mois est enfin arrivée, et surtout elle m'a apporté une aide financière régulière qui va nous changer le quotidien. Je remercie l'Univers chaque jour, mais toi aussi pour tout ce que tu fais. Grâce à toi, je vois la vie du bon côté et je positive chaque jour. Merci, merci, merci.

Coucou Sindy, je viens de recevoir une somme de 1 000 € ! J'ai suivi tes conseils de répétition pour manifester une somme d'argent et ça a marché. Merci de tes précieux conseils, de ta générosité et de ton amour inconditionnel.

Je me souviens d'une abonnée qui adorait la pâtisserie et qui était passionnée par les planètes et le cosmos. Elle ne voyait pas ce qu'elle pouvait faire avec ça, mais pour moi c'était très clair : elle pouvait ouvrir une pâtisserie sur le thème de l'Univers ! Dans ma tête, j'imaginais déjà des gâteaux en forme de planètes et des éclairs en étoiles filantes. Lorsque je lui fis part de ce que j'avais en tête, elle ouvrit des yeux tout ronds en me disant que c'était une bonne idée et qu'elle n'y avait jamais pensé. La morale de cette histoire ? Fais preuve d'audace et ose rompre avec le connu ! De nos jours, l'inconnu est la nouvelle norme ! Invente ta propre façon de vivre et de travailler, car tu es libre de créer ta vie comme bon te semble (tant que c'est légal).

IMPORTANT : Ne te laisse pas décourager par les circonstances actuelles ou par ce que pensent les gens. Si tu veux avoir une vie pleine de sens, de joie et de santé, c'est tout à ton honneur. Alors, ne te laisse pas envahir par la morosité ambiante ou par les mauvaises nouvelles : fixe-toi un but, et ne le lâche plus d'une semelle ! C'est ce que j'ai fait quand j'ai quitté mon travail de cadre. J'ai pris la décision d'y arriver, quoi qu'il m'en coûte : même si je devais mettre dix ans pour y parvenir, ou même si je devais retravailler pour quelqu'un d'autre entre-temps.

Ceci est un hack puissant pour reprogrammer ton subconscient :

Déclare à voix haute quel est ton objectif à partir d'aujourd'hui, et décrète que tu n'arrêteras pas de poursuivre ce rêve jusqu'à ce qu'il devienne une réalité, peu importent les obstacles.

Crois-moi : ça fonctionne très bien. Cela permet d'envoyer un signal fort au subconscient en lui disant : à partir de maintenant, c'est moi qui commande.

À l'époque où je venais de divorcer, de quitter mon job et où j'étais au chômage sans vraiment savoir ce que j'allais faire de ma vie (je ne savais qu'une chose : je voulais être mon propre boss et subvenir à mes besoins et à ceux de mes enfants), je me répétais souvent à voix haute : « Rien ne m'arrêtera, pas même moi ! Je me fiche de savoir si j'ai peur, si je doute ou si mon subconscient est d'accord ou non.

Peu importe le temps que ça prendra, j'y arriverai. Peu importe si ça met dix ans à se concrétiser, je ne lâcherai pas l'affaire. Peu importe si mon subconscient veut m'envoyer encore plus de problèmes : je les surmonterai ! » En fait, **je parlais avec mon subconscient** pour lui faire comprendre qu'il valait mieux qu'il se range à mes côtés, sinon on allait être en guerre toute la vie. Et je dois dire que cela a très bien fonctionné, car même si tout n'a pas été facile, les choses se sont tout de même mises en place rapidement et je me suis sentie guidée et protégée au quotidien. J'étais alignée et j'ai reçu beaucoup de synchronicités qui m'ont permis de réaliser mon rêve très rapidement. Regarde un peu la vitesse avec laquelle ma vie a changé :

- février 2020 : je me sépare (après dix-sept années passées avec une personne toxique, il faut que je me reconstruise complètement) ;
- février 2021 : je commence à poster une fois par jour sur mon compte Instagram ;
- décembre 2021 : je quitte mon poste de cadre ;
- mai 2022 : j'ai le déclic et je comprends enfin la Loi de l'attraction ;
- octobre 2022 : j'arrête le chômage et je me lance à mon compte ;
- novembre 2022 : mon compte Instagram explose ;
- janvier 2023 : j'en suis déjà à 2 500 € de chiffre d'affaires mensuel.

En moins de trois ans, je suis passée d'une situation catastrophique à une renaissance totale ! Et je peux t'assurer que tu peux y arriver encore plus vite, car toutes les clés de manifestation que j'ai mis des années à comprendre sont condensées dans les pages que tu es en train de lire !!!
Alors, as-tu trouvé ton Ikigaï ?
Sais-tu ce que tu veux manifester dans les trois piliers fondamentaux santé-amour-argent ?
As-tu d'autres envies que tu aimerais assouvir ? Des projets que tu aimerais concrétiser ? Des changements que tu voudrais apporter à ton style de vie ?

Note dans les lignes suivantes les demandes que tu vas faire à l'Univers, et essaye de leur donner un ordre de priorité :

1. ....
2. ....
3. ....
4. ....
5. ....
6. ....
7. ....
8. ....
9. ....
10. ....
11. ....
12. ....
13. ....
14. ....
15. ....
16. ....
17. ....
18. ....
19. ....
20. ....

Maintenant, il faut que tu comprennes ceci : quels que soient tes objectifs, tu peux les atteindre. Tes seules limites sont celles que tu vas t'imposer, ou plutôt celles que ton subconscient va imposer à ton corps et à ton esprit !

« Tout ce que l'esprit peut concevoir et croire, il peut le réaliser. »

NAPOLEON HILL

En effet, je t'ai expliqué dans la première partie que le subconscient dictait 95 % de nos pensées et de nos actions, mais une fois qu'on sait ça, on ne sait toujours pas comment manifester… Eh oui, car si c'est notre subconscient qui contient toutes nos croyances limitantes, il va bien falloir déconstruire ces croyances limitantes et éliminer ces blocages pour arrêter d'attirer toujours les mêmes histoires d'amour foireuses et les fuites d'argent en tout genre…

Souviens-toi de notre petit schéma :

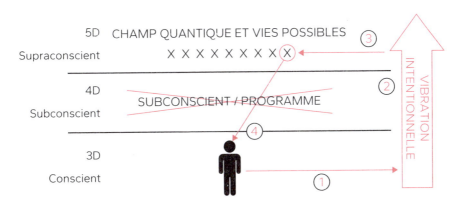

Tu vas donc devoir reprogrammer ton subconscient avec de nouvelles croyances pour envoyer une vibration intentionnelle à l'Univers (au champ quantique) afin de matérialiser la vie que tu souhaites dans la 3D.

Témoignages d'abonnés

Coucou Sindy, je fais vos mantras depuis deux mois à peu près, et je viens de recevoir une somme sur mon compte : 500 €, un cadeau de ma banque dû à un parrainage... et d'autres petites sommes depuis... Incroyable ! Merci à vous et gratitude à l'Univers.

Bonjour, je vous suis depuis peu et je remercie infiniment l'Univers d'avoir croisé votre route. Je tenais à vous faire un petit témoignage sur le mantra « Merci infiniment Univers de m'avoir permis de gagner telle somme avant telle date ». J'ai répété ce mantra chaque jour et j'ai reçu cette somme au bout d'une semaine seulement ! Je suis heureuse d'avoir eu l'opportunité de vous connaître, c'est tellement beau et fort ce que vous faites pour nous. Merci infiniment !

Mille mercis à vous, Sindy ! Ma fille a été reçue parmi 140 candidats pour la rentrée de septembre en section métiers de la sécurité, grâce à vos mantras et vos explications sur la Loi de l'attraction. J'ai suivi votre première master class et c'est extraordinaire ! J'avais lâché mon permis moto parce que je n'y arrivais pas, et je m'y suis remise depuis peu. Grâce à mes demandes à l'Univers, tout est devenu plus fluide. Je ne vous raconte même pas les résultats sur l'abondance financière, qui sont juste extraordinaires. Merci, merci, merci !

Bonjour Sindy, merci pour tous vos posts. Je fais tous les jours vos mantras, et quel bonheur de recevoir toute cette abondance en retour ! Je suis scotchée par les résultats que j'obtiens depuis que je pratique la Loi de l'attraction et depuis que je vous suis, alors merci infiniment à vous et merci à l'Univers !

ALORS, CONCRÈTEMENT, COMMENT CELA SE PASSE-T-IL ? C'EST TRÈS SIMPLE

Pour reprogrammer le subconscient, il n'y a que deux options.

Option n° 1 : tu vis un choc émotionnel qui est tellement puissant qu'il balaye toutes tes croyances sur son passage... Il peut s'agir :

- d'un deuil ;
- d'une catastrophe naturelle ;
- d'une rupture, d'un divorce ;
- d'un licenciement ;
- d'une faillite ;
- d'une trahison ;
- d'une maladie...

Comme tu peux le voir, il s'agit rarement d'événements joyeux, mais ils sont tellement forts qu'ils provoquent des torrents d'émotions en nous, des torrents d'énergie qui déconstruisent littéralement toute notre façon de voir le monde et d'appréhender les choses de la vie. Quand on a vécu un tel événement, on change. Par la force des choses, on change. On est obligé de changer pour s'adapter à son nouvel environnement ou à sa nouvelle situation, et notre subconscient s'en trouve changé également. D'anciennes croyances disparaissent pour faire place à de nouvelles façons de penser.

Celles-ci peuvent être négatives :

- je ne ferai plus jamais confiance à quelqu'un ;
- je ne crois plus en l'amour ;
- la vie est nulle ;
- on ne m'aimera plus jamais ;
- je ne retrouverai jamais le bonheur ;
- ma situation est désespérée ;
- je n'ai jamais de chance ;
- je vais finir sans un sou ;
- etc.

Des croyances comme celles-ci, il y en a des milliers, et si tu te reconnais dans l'une d'elles, surligne-la pour l'identifier dès maintenant !

Si tu as d'autres croyances limitantes que tu as déjà repérées en toi, n'hésite pas à les écrire ici pour travailler dessus lors de tes prochaines pratiques.

Mes croyances limitantes :

Sujet................................Croyance..

Sujet................................Croyance..

Sujet................................Croyance..

Lorsque quelqu'un expérimente une situation négative, il peut aussi en tirer des leçons positives :

- j'ai mal choisi mon ou ma partenaire la dernière fois, mais je sais que je mérite de vivre une merveilleuse histoire d'amour ;
- la vie m'a donné des leçons terribles, mais j'en sors plus fort ;
- j'apprends de mes erreurs passées et je choisis de me concentrer sur l'avenir ;
- je sais que je peux réussir à surmonter tous les obstacles, malgré tout ce qui m'est arrivé jusque-là…

Tu te souviens de l'histoire des jumeaux ? Eh bien, c'est la même chose. Soit tu choisis d'être le jumeau qui voit toutes ses difficultés comme l'excuse parfaite pour devenir une victime, soit tu choisis d'accepter ce qui s'est passé dans ta vie et de t'en servir pour devenir une meilleure version de toi-même.

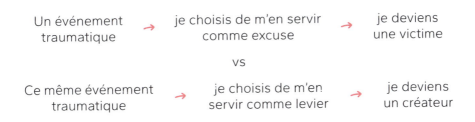

En règle générale, les gens vivent des chocs émotionnels négatifs, mais il existe tout de même une catégorie qui sort un peu de l'ordinaire, et il s'agit des expérienceurs : ceux qui ont vécu une expérience de mort imminente (EMI). Une EMI se caractérise par le fait que le corps de la personne est sur le point de mourir, alors que celle-ci vit une expérience « paranormale[1] ».

---

1. RTS, « Expérience de mort imminente (EMI) : je reviens de l'au-delà (1/2) » : https://www.youtube.com/watch?v=ORD1vtoxnBw
RTS, « Expérience de mort imminente (EMI) : je reviens de l'au-delà (2/2) » : https://www.youtube.com/watch?v=xfVjwQyHuLI

Lors de ces moments critiques où le corps semble prêt à mourir, la personne prend soudain conscience qu'elle est sortie de son corps. En général, la personne voit son corps de l'extérieur, comme si elle était au-dessus de la scène. Elle se demande ce qui se passe et ressent une grande liberté et une absence totale de douleur et de préoccupations. Si l'on en croit les récits des expérienceurs (on estime que 4 % de la population mondiale a déjà vécu ce type d'expérience), ce qui se passe lors d'une EMI est absolument merveilleux et transformateur. Ils parlent de sortie de corps, de rencontres avec des défunts ou d'êtres de lumière, de revue de vie et surtout de la sensation d'un amour incommensurable et inconditionnel. Lorsque ces personnes reviennent dans leur corps physique (lorsque leur conscience réintègre leur corps), elles ne sont plus tout à fait les mêmes :

- leur vision du monde a changé ;
- leur façon de penser a changé ;
- elles ont du mal à retrouver leur vie d'avant ;
- elles cherchent soudain à donner un sens à leur vie ;
- elles ont envie d'aider leur prochain ;
- elles ressentent encore l'amour inconditionnel qu'elles ont connu lors de l'expérience et ont envie de transmettre leur témoignage au reste du monde.

En général, les gens qui ont vécu une EMI changent du tout au tout grâce à l'expérience qu'ils ont vécue, et ils se mettent à vivre une vie plus alignée avec leurs valeurs et leurs envies profondes (des valeurs et des envies qui, en général, avaient été oubliées auparavant à cause de la routine).

Comme nous venons de le voir, les chocs émotionnels – qu'ils soient «positifs» ou «négatifs» – nous transforment donc d'une manière brutale et immédiate, mais c'est aussi quelque chose qui vient de l'extérieur, un peu comme si l'Univers venait mettre un grand coup de pied dans la fourmilière de notre vie pour nous faire changer de force.

La question est donc:
pourrions-nous changer tout en douceur?

Et je te rassure tout de suite : la réponse est OUI !!!

Oui, notre subconscient peut aussi changer de la deuxième façon possible, c'est l'option n°2 : la répétition de nouvelles croyances[2].

Retiens bien ce concept, car le jour où j'ai découvert cela, les pièces du puzzle ont enfin fait «clic» dans ma tête et j'ai résolu le casse-tête de la Loi de l'attraction !

Quand tu utilises la répétition, tu crées de nouveaux chemins neuronaux dans ton cerveau, qui changent ta façon de penser et de voir le monde.

Chemins neuronaux actuels
= pensées actuelles
= émotions actuelles
= actions actuelles
= résultats actuels

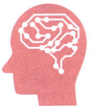

Nouveaux chemins neuronaux créés grâce à la répétition
= nouvelles pensées
= nouvelles émotions
= nouvelles actions
= nouveaux résultats

---

2. Le pouvoir de la répétition pour changer les paradigmes, selon Bob Proctor, https://www.youtube.com/watch?v=iUU8hcgNaVI&t=1s

Témoignages d'abonnés

Je tenais à te dire que depuis que je te suis, j'ai tellement de changements positifs qui me sont arrivés ! Encore aujourd'hui, le notaire qui s'est occupé de la succession de mon papa, il y a neuf ans, m'a appelé pour me dire qu'il y avait un solde à récupérer. Je n'y croyais pas après neuf ans, et cela survient parmi tant d'autres choses qui me sont arrivées dernièrement. Maintenant, j'essaie toujours de voir le positif dans chaque chose et non pas le négatif. Merci, tu m'aides vraiment beaucoup au quotidien.

Avant mon rendez-vous chez le médecin, j'ai demandé à l'Univers que mon rendez-vous se passe bien, et j'ai visualisé plusieurs fois le caducée. J'ai encore du mal à réaliser car ils n'ont plus trouvé la tumeur. Je suis tellement heureuse et remplie de gratitude... Ils ont cherché tout l'après-midi mais ils ne la trouvent plus. Depuis 2016 je vivais avec cette tumeur dans ma tête, très mal située et donc inopérable, et là... disparue ! Le médecin ne l'explique pas. Merci, merci, merci.

Coucou Sindy, c'est le cœur rempli de joie que je partage avec toi mon retour. Mon épreuve d'oral s'est formidablement bien passée. Cela fait un mois que je me prépare : mantras et visualisation. J'ai attendu sereinement plus de deux heures avant de passer. Je me suis promenée dans le parc à côté en parlant à l'Univers et à mes guides. J'étais incroyablement calme et sereine, moi qui suis habituellement plutôt en mode panique totale. Tout s'est bien passé, le jury a été bienveillant, j'étais maître de mes réponses, et le résultat est tombé : réussite totale, j'ai obtenu ce que je voulais ! Il y a un an, je me sentais incapable de passer cette épreuve... Merci Univers, merci à toi.

> Grâce à la répétition, tu vas pouvoir déconstruire toutes
> les fausses croyances et débloquer tous les schémas que
> tu as appris dans ton enfance, et il y en a beaucoup !

Prenons un exemple.
Tu as 5 ans et tu assistes au dîner familial annuel pour l'anniversaire de mémé Jeannette. Les conversations vont bon train autour de la table et ton cerveau subconscient capte à peu près tout au passage. Tu entends des bribes de conversations qui forgent ta conception du monde et de la vie, et ces conversations ressemblent à cela :

— ton père : « Alors, Jean (ton oncle), comment se passe la recherche d'emploi ? »
— Jean : « C'est compliqué. En ce moment c'est la crise, et plus personne ne veut embaucher. Je vais bientôt devoir rentrer vivre chez Papa Maman. »
— ton père : « Je comprends ! C'est vraiment une époque difficile ! Avant, on vivait mieux et il y avait du travail pour tout le monde, maintenant c'est chacun pour soi et on a bien du mal à joindre les deux bouts. Martine (ta mère) et moi devons faire des sacrifices au quotidien pour réussir à tout payer… »

Ta petite tête d'enfant ne comprend pas tout ce qui se passe, mais elle saisit l'essentiel :

- pas de travail = pas d'argent ;
- pas d'argent = devoir retourner vivre chez ses parents ;
- avant, c'était mieux, maintenant la vie est difficile ;
- bonus = Papa et Maman galèrent tous les mois à payer leurs factures.

Imagine le nombre de croyances limitantes que tu viens d'emmagasiner dans ton subconscient, et ce, en une seule petite conversation !

Et plus tu grandis, plus ta conception du monde va se forger sur ton vécu. Chaque expérience est traitée par le subconscient et rangée dans des tiroirs. Certaines expériences sont fermées à double tour parce qu'elles ont été traumatisantes, d'autres sont simplement passées aux oubliettes du conscient, et d'autres encore sont marquées au fer rouge dans ton esprit, comme si tu les avais vécues hier. Tout ceci forme ta personnalité, ton caractère, qui tu es au quotidien : comment tu penses, comment tu ressens et comment tu agis.

Et c'est précisément cette formule que l'on doit changer si on veut avoir de nouveaux résultats dans notre vie.

« La folie, c'est de faire toujours la même chose et de s'attendre à un résultat différent ! »

ALBERT EINSTEIN

Tout ce que tu as pensé, ressenti et fait jusqu'à aujourd'hui t'a mené là où tu es actuellement. Si tu veux changer quelque chose (quel que soit le domaine), il va donc falloir que tu changes ta façon de penser, de ressentir et d'agir.

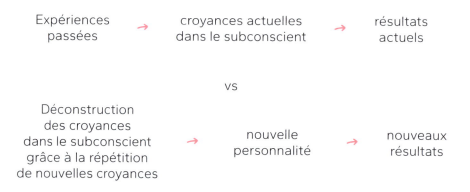

Maintenant que tu sais cela, tu n'as plus qu'une seule chose à faire : découvrir toutes les techniques qui existent pour entrer dans le subconscient et le reprogrammer !

LES DIFFÉRENTES TECHNIQUES DE MANIFESTATION

Si j'ai décidé d'écrire ce livre, c'est parce que j'ai reçu d'innombrables demandes de mes abonnés pour avoir un programme spécifique de manifestation, une routine à faire chaque jour, une feuille de route, en quelque sorte. En effet, reprogrammer son subconscient, c'est un peu comme quand tu vas à la salle de sport et que tu n'y connais rien ou pas grand-chose : tu as beau observer les machines de torture dans tous les sens, si personne ne te dit comment ça marche et combien de répétitions tu dois faire, tu te sens un peu perdu et tu risques d'abandonner plus facilement.

Comme mon but est justement que tu n'abandonnes pas, je vais t'expliquer ici toutes les techniques possibles et imaginables pour manifester, et ensuite tu n'auras plus qu'à suivre le programme que je t'ai concocté dans le chapitre « La routine magique de manifestation : c'est parti ! » pour les mettre en pratique.

- Le tableau de visualisation : quand j'ai commencé à étudier la Loi de l'attraction, j'ai tout de suite entendu parler du *vision board* (tableau de vision). Le principe est simple : coller des images ou des mots sur un tableau en liège et le placer dans un endroit où on va le voir souvent (si tu n'as pas de tableau en liège, un simple carton peut faire l'affaire dans un premier temps). Le but est que ces images pénètrent dans ton subconscient pour te rappeler que tu as des objectifs à remplir. Le tableau de visualisation est utilisé par de nombreuses vedettes ainsi que de grands hommes d'affaires. Il a l'avantage d'être visuel et ludique, alors pourquoi ne pas en avoir un, toi aussi ? Tu vas voir que c'est très amusant de chercher des images sur Internet ou dans des magazines pour illustrer tes rêves.

Petit conseil n° 1 : vois les choses en grand ! Si tu as envie d'une grande maison avec piscine, ne mets pas la photo d'un petit cabanon au fond du jardin ! Tu as le droit de rêver grand. Tu as le droit de recevoir tout ce dont tu as envie !

Relis les deux dernières phrases.

Ton but est de faire taire la petite voix qui te dit que tout ceci n'est pas pour toi et que ça ne marchera jamais. Fais-la taire et répète-toi mentalement ou à voix haute : « J'ai le droit de rêver grand et de recevoir tout ce dont j'ai envie ! »

Parfait, maintenant, tu vas te fixer un délai : quand vas-tu faire ton *vision board* ? Aujourd'hui ? Demain ? Dans une semaine ? Plus tu vas attendre, plus ton subconscient va gagner du terrain, et au bout d'un mois tu auras même oublié que tu avais ce projet. Avant de continuer ta lecture, mets une alerte dans ton calendrier pour t'obliger à faire ton *vision board* cette semaine. Allez, hop hop hop, eh oui, je te l'avais bien dit : nous sommes entrés dans la partie pratique du livre !

Petit conseil n° 2 : prends ton temps pour chercher les images. Tu as envie que ton *vision board* te ressemble, n'est-ce pas ? Alors il faut que celui-ci transmette tes rêves et ta personnalité en quelques images, donc choisis-les bien.

Une fois que tu les as imprimées ou découpées, épingle ces images sur ton tableau comme bon te semble. Certaines personnes divisent le tableau en domaines de vie, par exemple domaine personnel, domaine professionnel, santé, amour et argent. Place ensuite ton *vision board* dans un endroit où tu le verras régulièrement (le mien est dans ma chambre), et n'oublie pas de l'actualiser de temps en temps !

Je t'ai fait une petite vidéo pour illustrer tout cela :
https://youtube.com/shorts/32rM17cTK1o?si=If4AsxkGhl3UQzwS

- Les mantras ou affirmations positives : tout d'abord, quelle est la différence entre un mantra et une affirmation positive ? Les deux sont des phrases que l'on se répète pour tenter de convaincre notre subconscient que ce que l'on dit est vrai, mais le mantra revêt une dimension sacrée car il a une connotation religieuse. Cependant, de nos jours, tout le monde peut inventer et utiliser ses propres mantras et affirmations positives, tu peux donc utiliser les deux sans problème.

Comment ça fonctionne ? C'est très simple : il a été scientifiquement prouvé que ton subconscient ne sait pas faire la différence entre ce qui se passe dans la réalité et ce qui se passe dans ton imagination. Autrement dit : si tu te répètes quelque chose assez souvent, ton subconscient finira par le croire, même s'il s'agit d'un mensonge ! Après tout, combien de personnes pensent au plus profond d'elles-mêmes qu'elles sont «nulles» parce qu'elles se sont répété cette phrase bien trop souvent dans leur vie ? Beaucoup. Eh oui, car notre cerveau accepte tout ce que nous disons et pensons comme s'il s'agissait de la vérité pure et dure. Le cerveau subconscient ne réfléchit pas : il emmagasine des informations. Voilà pourquoi tu vas devoir changer ton discours interne afin de te parler avec bienveillance et enthousiasme. À partir d'aujourd'hui, je veux que tu utilises de jolis mantras et de belles affirmations positives aussi souvent que possible. Plus tu vas utiliser des mantras qui sont orientés vers tes objectifs, plus ton subconscient va sélectionner la bonne vibration dans le champ quantique, et plus tu vas attirer facilement ta vie rêvée !

Voici quelques idées de mantras et d'affirmations positives pour attirer l'amour.

- J'ouvre mon cœur et j'attire à moi la personne de mes rêves.
- Je mérite d'être aimé et d'aimer en retour.
- Je mérite de rencontrer une personne aimante et inspirante.
- Je reçois de l'amour en quantité et en qualité.
- Je suis digne d'être aimé, chéri et respecté.
- Je suis entouré par des personnes qui veulent mon bonheur.
- Je suis guidé vers la bonne personne et aujourd'hui est le jour où nous allons nous rencontrer.
- Je suis guidé vers une relation saine et épanouissante.
- Je suis prêt à m'engager dans une relation amoureuse bienveillante et sincère.
- Je suis prêt à recevoir l'amour authentique et véritable.
- Je suis prêt à vivre une histoire d'amour exceptionnelle.
- Je suis reconnaissant pour toutes les marques d'affection que je reçois chaque jour dans ma vie.
- L'amour coule librement vers moi.
- L'amour de ma vie vient à moi naturellement.

- L'amour sain et sincère est en route vers moi.
- Merci infiniment, Univers, de me permettre de rencontrer la bonne personne pour moi.

Voici quelques idées de mantras et d'affirmations positives pour attirer l'argent.
- J'attire à moi l'argent en grandes quantités.
- J'attire la bonne fortune et la prospérité dans ma vie.
- Je choisis de vivre une vie d'abondance et de prospérité.
- Je libère toute croyance limitante et tout blocage lié à l'argent.
- Je me libère des croyances de ma lignée familiale vis-à-vis de l'argent.
- Je mérite de connaître la liberté financière.
- Je mérite de vivre une vie pleine d'abondance dans tous les domaines.
- Je suis aligné avec la fréquence de l'abondance infinie de l'Univers.
- Je suis digne de recevoir une somme d'argent supérieure à 100 €.
- Je suis prêt à saisir toutes les opportunités d'augmenter mes revenus.
- Je suis reconnaissant pour l'argent qui entre en abondance dans ma vie au quotidien.
- Je suis un aimant à argent et à prospérité.
- L'abondance d'argent coule vers moi facilement et rapidement.
- L'argent entre dans ma vie de façon illimitée.
- L'argent est une énergie positive qui vient à moi naturellement.
- Merci infiniment, Univers, de me permettre de vivre dans l'abondance financière.

Voici quelques idées de mantras et d'affirmations positives pour attirer la santé.
- Chaque cellule de mon corps reçoit l'énergie vitale et bienveillante de l'Univers.
- J'attire le bien-être physique et mental dans ma vie.
- Je suis capable de surmonter toutes les difficultés.
- Je m'aime et je prends soin de moi et de mon corps au quotidien.

- Je mérite d'être en parfaite santé physique, mentale et émotionnelle.
- Je rayonne de joie, de santé et d'amour.
- Je remercie mon corps pour tout ce qu'il a fait pour moi depuis ma naissance.
- Je suis digne d'être aimé et je bénis mon corps physiquement et mentalement.
- Je suis en parfaite harmonie avec mon corps, mon cœur et mon âme.
- Je suis en pleine forme et je remercie l'Univers d'avoir une santé aussi exceptionnelle.
- L'énergie vitale et universelle traverse mon corps et le nettoie de toute impureté.
- Ma santé s'améliore de jour en jour.
- Merci infiniment, Univers, de me donner une santé exceptionnelle.
- Mon cœur, mon corps et mon âme sont en parfaite santé.
- Mon corps et mon esprit sont libres de toute impureté.
- Mon corps rajeunit et se régénère un peu plus chaque jour.

- **Les techniques de répétition** : j'adore ces techniques car elles permettent de suivre une routine claire et précise. Comme je te l'ai expliqué un peu plus haut, **la répétition de nouvelles croyances est la seule méthode que tu puisses utiliser pour changer volontairement ton subconscient**. Les techniques de répétition sont donc parfaites pour reprogrammer ton cerveau jour après jour. Il te suffit de choisir l'une de ces techniques et de la suivre au pied de la lettre pour avoir des résultats facilement et rapidement.
    - Technique du 11x1

    Écris sur une feuille ou un cahier la phrase suivante onze fois par jour pendant onze jours : « Merci infiniment, Univers, de me donner… le poste dont je rêvais tant/la rencontre amoureuse parfaite pour moi/l'abondance financière/la somme de 1 000 €/une santé physique et mentale exceptionnelle… »

    Pendant que tu écris cette phrase, imagine ce qui se passerait si cela s'était déjà réalisé, et efforce-toi de ressentir des émotions fortes comme de la joie ou de la gratitude.

- Le 3/6/9 de Nikola Tesla

  Le matin, écris trois fois sur une feuille ou un cahier un mot qui représente ton objectif. Par exemple : « la santé/l'amour/la réussite/l'abondance… »

  Le midi, écris six fois sur une feuille ou un cahier une phrase qui représente ton objectif. Par exemple : « retrouver une santé parfaite/rencontrer l'amour véritable/connaître la réussite professionnelle/recevoir l'abondance financière avec 10 000 €… »

  Le soir, écris neuf fois sur une feuille ou un cahier une phrase de remerciement en relation avec ton objectif. Par exemple : « Merci infiniment, Univers, de m'aider à retrouver une santé parfaite/rencontrer l'amour véritable/connaître la réussite professionnelle/recevoir l'abondance financière avec 10 000 €… »

- Tu peux répéter ces techniques ou en inventer en utilisant des chiffres-clés, par exemple :
  - utilise le chiffre 3 : trinité, équilibre, sagesse, créativité ;
  - utilise le chiffre 6 : amour, guérison, création ;
  - utilise le chiffre 7 : intuition, éveil spirituel, complétude ;
  - utilise le chiffre 8 : abondance, infini, puissance ;
  - utilise le chiffre 9 : réussite, action, élévation de conscience ;
  - utilise le chiffre 11 : inspiration, divin, introspection.

- La méditation et la visualisation consciente : ce sont mes deux techniques préférées, mais ce n'est pas pour autant que tu dois choisir celles-là. Le mieux, c'est de tester toutes les techniques pour savoir celle que tu préfères.

  Pour bien utiliser la méditation et la visualisation, tu dois d'abord comprendre comment fonctionnent les ondes cérébrales. En effet, ton cerveau émet des ondes 24 heures sur 24, et ces ondes changent de fréquence en fonction de ton activité. Voici les différents types de fréquences par lesquelles ton cerveau passe tous les jours :

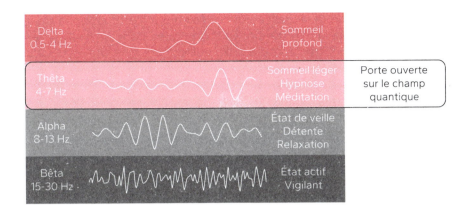

La porte entre le conscient et le subconscient s'ouvre lorsque nous sommes en ondes Thêta. Dans ces moments-là, nous sommes directement connectés au champ quantique et nous pouvons envoyer à l'Univers toutes les informations dont nous rêvons. C'est le moment parfait pour visualiser des scènes de notre vie idéale, car elles entrent directement dans le champ quantique et permettent de sélectionner la vie rêvée afin que celle-ci se manifeste plus rapidement.

Lorsque tu médites, les ondes diminuent doucement pour passer de Bêta à Alpha, puis de Alpha à Thêta. Tu peux alors informer l'Univers de la vie dont tu rêves. Il ne s'agit pas de méditer sans penser à rien, mais au contraire de plonger à l'intérieur de soi pour nous connecter à la flamme divine qui est en nous et jouer notre rôle de créateur.

Il existe des tas de méditations guidées sur Internet et j'en propose moi-même sur mon site, alors teste plusieurs types de méditations et vois celle qui te convient le mieux. La méditation peut se faire en silence, en musique, ou même avec des tambours ou des bruits blancs (bruits de pluie, de vagues, etc.). Tu peux la pratiquer à n'importe quel moment de la journée, mais elle sera plus efficace si tu le fais le matin au réveil ou le soir avant de t'endormir, car ton cerveau sera plus naturellement et rapidement en ondes Thêta.

L'avantage de la méditation est qu'elle te permet d'entrer directement dans ton subconscient et de le reprogrammer. Plus tu vas avoir une pratique quotidienne, plus tu vas reprogrammer rapidement ton subconscient, plus tu vas envoyer la bonne vibration à l'Univers.

En ce qui concerne la visualisation consciente, cela fonctionne de la même manière que la méditation, sauf que tu es dans un état d'éveil. Dans la méditation, ton corps est en veille alors que ton esprit est conscient. Dans la visualisation consciente, ton corps est dans un état d'éveil mais tu arrives à visualiser la vie de tes rêves en même temps. Cela demande un niveau de conscience élevé qui nécessite beaucoup d'efforts au début, mais si tu pratiques la visualisation consciente tous les jours, cela deviendra très rapidement naturel.

Le but de la visualisation consciente est d'avoir toujours en tête une vision de notre futur, quelles que soient les circonstances de notre vie.

Afin de t'aider à mieux comprendre comment ça marche, je vais te raconter ce qui m'est arrivé il y a quelques mois : tout semblait aller pour le mieux dans ma vie, lorsqu'un beau matin j'ai ressenti une forte sensation d'étouffement au niveau de la gorge. Bien évidemment, mon subconscient s'est mis en alerte et a commencé à enregistrer tout ce qui se passait dans mon corps : la gorge qui se serre, le cœur qui accélère, la respiration qui devient chaotique, les pensées qui fusent dans tous les sens et même la sensation que le monde s'écroule... Une belle grosse crise de panique m'envahit à ce moment-là. Que m'arrivait-il ? Que se passait-il ? Pourquoi avais-je du mal à respirer alors que tout semblait aller pour le mieux ? Pendant trois semaines complètes, j'ai ressenti cette panique au quotidien. Au début j'avais du mal à respirer, mais très vite je ne pouvais même plus manger correctement. Il m'était impossible d'ingérer les aliments car j'avais constamment la sensation d'avoir quelque chose de coincé dans la gorge. Alors, j'ai commencé à perdre du poids. À la difficulté à manger s'ajoutait la difficulté à respirer. J'étais 24 heures sur 24 en panique parce que j'avais l'impression que j'allais mourir étouffée. J'ai vu plusieurs spécialistes au cours de cette période, et ils m'ont tous dit la même chose : « Madame, c'est le stress qui vous fait ça. » Alors j'ai testé plein de techniques différentes, mais celles qui ont véritablement fonctionné pour moi ont été la méditation et la visualisation. Alors que j'étais au plus mal, que je ne pouvais quasiment plus rien manger et que j'avais même du mal à respirer et à dormir, je me suis mise à visualiser mon futur idéal. À chaque seconde, je m'obligeais à être connectée à mon moi du futur. J'imaginais que tout allait bien, que je pouvais respirer librement, que j'étais guérie et que je pouvais à nouveau manger tout ce que je voulais, et non seulement je le visualisais, mais je m'obligeais à ressentir de belles émotions de joie et de gratitude.

Témoignages d'abonnés

Coucou Sindy, j'ai fait ta master class et j'utilise tes fonds d'écran. Je récite aussi des mantras pour l'abondance, et hier mon boss est venu me voir pour me demander si j'acceptais la charge d'une nouvelle mission. Il a ajouté qu'il y avait une petite compensation de 150 € nets par mois, ce qui n'était jamais arrivé en six ans! Incroyable, je suis trop contente, car avec 150 € de plus je vais pouvoir respirer et essayer de mettre de côté pour prévoir un beau voyage. Merci, merci, merci.

Coucou, juste un petit retour sur ta master class : je reçois plein d'abondance sous toutes ses formes. J'ai trouvé l'appartement pour mon fils étudiant, nous recevons des petits cadeaux et des petites sommes d'argent. Je remercie l'Univers de t'avoir mise sur mon chemin et de tout ce qu'il m'apporte chaque jour.

Que je suis reconnaissante à l'Univers de vous avoir mise sur ma route! J'ai suivi vos conseils à la lettre, je l'ai fait en mon âme et conscience, et plus d'une fois j'ai eu des résultats fructueux : le premier jour, ma voisine est venue frapper à ma porte pour me rendre 200 € que je lui avais prêtés, ensuite un voyage reporté par la compagnie aérienne m'a permis d'obtenir une compensation de 750 €. Alors, si ça ce n'est pas la Loi de l'attraction, je ne sais pas ce que c'est! Merci pour vos conseils précieux.

Coucou Sindy, je suis super contente. Depuis que j'ai vu ta master class et que j'applique tes conseils, ma vie s'améliore, j'ose faire plus de choses, et ce matin j'ai reçu une belle surprise : un investissement que j'ai fait m'a rapporté 2 500 €, je n'en reviens pas ! Merci beaucoup à toi pour tous tes partages, et merci l'Univers.

Pourquoi est-ce que je te raconte ça ? Parce que souvent les gens me demandent : « Comment fait-on pour aller au-delà des circonstances et visualiser un meilleur avenir alors que tout va mal dans la vraie vie ? » Eh bien parfois, on n'a pas le choix. La seule chose qui me permettait de tenir, c'était cette vision du futur. Chaque jour, je méditais pendant trente minutes pour m'obliger à me connecter à cette vision, et à chaque fois que je sentais la panique arriver pendant la journée, je me répétais en boucle : « Je suis déjà mon futur moi, tout va bien se passer. » Bien sûr, les premiers jours ont été très difficiles et m'ont demandé beaucoup d'efforts, mais très rapidement j'ai vu des résultats concrets dans ma vie. Dès les premiers jours, j'ai remarqué qu'il y avait des moments au cours de la journée où je sentais un peu moins d'angoisse et où j'arrivais un peu mieux à respirer. Au bout d'une dizaine de jours, j'ai pu recommencer à manger des aliments solides. Au bout de trois semaines j'étais quasiment guérie, mais il m'a fallu tenir le choc presque 24 heures sur 24 pendant trois semaines pour en arriver là ! Parfois, je me réveillais la nuit en ayant la sensation d'étouffer, et j'obligeais mon subconscient à se calmer en répétant : « Je suis déjà mon moi du futur, tout va bien se passer ! »
Je peux t'assurer que cela n'a pas été facile, mais je n'avais pas le choix. Bien sûr, il y avait des jours où j'avais des doutes, mais presque immédiatement je choisissais de me remettre dans le droit chemin en m'obligeant à me sentir connectée à mon moi du futur. Le fait d'envoyer la vision de mon futur à l'Univers et de ressentir des émotions de joie et de gratitude, alors même que j'étais en train de vivre l'une des pires périodes de ma vie, m'a véritablement aidée à manifester une amélioration de ma santé...

La première bonne nouvelle, c'est que si j'ai réussi à m'en sortir, toi aussi tu peux le faire ! Et la deuxième, c'est que la visualisation marche dans tous les domaines ! Voilà pourquoi je te conseille de visualiser des petites scènes de ta vie idéale le plus souvent possible. Tu peux y arriver ! Il s'agit simplement d'avoir la foi et de prendre la décision ferme de vouloir changer ton subconscient et ton programme intérieur. Le résultat final n'apparaîtra peut-être pas dans les premiers jours, mais tu auras rapidement des signes encourageants qui t'inciteront à continuer.

IMPORTANT : Petite précision pour t'aider à comprendre encore mieux comment fonctionne la Loi de l'attraction : pour manifester quelque chose, tu dois **émettre une charge électromagnétique puissante** qui va servir d'aimant pour attirer ta vie rêvée. **La charge électrique est produite par tes pensées, et la charge magnétique est produite par tes émotions.** Par conséquent, lorsque tu médites ou que tu visualises, pense à ressentir des émotions fortes. Force-toi à te faire un film et à le vivre à fond, comme si tu en étais le héros ou l'héroïne !

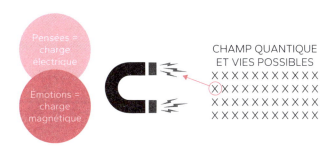

- Les rituels : aaaah, les rituels. Je les adore ! Les rituels ont deux fonctions principales :
  - ils permettent d'entrer directement en contact avec le champ quantique grâce à l'intention et à l'énergie des accessoires que l'on utilise ;
  - ils permettent de construire de nouvelles croyances dans notre subconscient afin de changer notre vibration et ainsi d'attirer à nous la vie de nos rêves.

Dans les deux cas, un rituel est un moment de connexion avec le monde invisible, avec le divin, avec le champ quantique... Bref, tu peux lui donner le nom que tu veux, ça va fonctionner quand même ! Lors d'un rituel, tu vas utiliser des accessoires pour envoyer ta demande à l'Univers. Chaque accessoire a une énergie précise et une fréquence vibratoire qui lui est propre, tu vas donc utiliser des outils différents selon ce que tu veux obtenir. Le but va être de faire une petite cérémonie pour te connecter avec le champ quantique et lui dire ce qui te tracasse ou ce qui te fait envie.

IMPORTANT : n'importe qui peut faire un rituel. Tu n'as pas besoin d'avoir un bac+5 en sorcellerie pour prétendre être légitime à effectuer un rituel. La seule chose que tu as à faire, c'est de suivre ton intuition et de laisser la petite étincelle divine en toi te guider.

Dans les lignes qui vont suivre, je vais te donner quelques exemples de rituels, mais sache que tu peux modifier tout ce que tu souhaites ! Tu peux changer l'ordre des choses, tu peux prendre un objet plutôt qu'un autre, tu peux adapter les formules, etc.

Voici le déroulement classique de l'un de mes rituels :

- demander mentalement ou à voix haute à être protégé par ses guides pendant toute la durée du rituel (s'il s'agit d'un long rituel, tu peux même créer un cercle de gros sel au sol autour de toi) ;
- disposer les accessoires que l'on a choisis sur une petite table (que l'on va appeler autel) ou sur le sol. Certains te diront qu'il y a une disposition spécifique pour chaque objet, mais moi je te conseille de faire comme bon te semble ;
- écrire une lettre, une demande, sur un petit papier. Utilise le passé ou le présent et dis merci. N'utilise pas la négation. Range le petit papier si tu as envie d'en garder une trace, ou bien déchire-le ou brûle-le juste après le rituel ou le lendemain.

Exemples de formules :

- Ne dis pas « Je ne veux pas rester célibataire » / « Je souhaiterais trouver l'amour », mais dis « Merci infiniment, Univers, de m'avoir permis de trouver l'amour sain et sincère. »
- Ne dis pas « Je n'en peux plus de vivre dans la pauvreté » / « J'ai besoin d'argent », mais dis « Merci infiniment, Univers, de m'avoir permis de toucher la somme de _____ € en moins de trente jours. »
- Ne dis pas « Je ne veux plus de mon job » / « Pourrais-je obtenir un meilleur travail ? », mais dis « Merci infiniment, Univers, de m'avoir aidé à trouver le job de mes rêves avec le salaire de mes rêves. »

Généralement, je fais une demande précise et j'indique même le délai à ne pas dépasser pour être sûre que l'Univers comprenne bien ma demande. Par contre, comme tu peux le voir dans mes formules, je ne mets pas de négation (je ne veux pas, je ne souhaite plus…), pas de manque (s'il vous plaît, j'ai besoin…) et pas de futur ou de conditionnel (j'aimerais, pourrais-je…). Toutes ces formules contiennent la vibration du manque et de l'absence. Or je t'ai déjà expliqué que tu devais atteindre la vibration qui correspond à «j'ai déjà tout ce dont j'ai toujours rêvé, merci du fond du cœur, Univers».

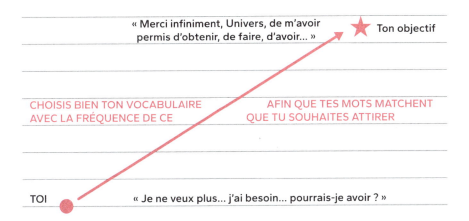

- Pour finir, tu peux ranger tout ton matériel. Remets tout ce que tu peux dans la nature : offrandes, sel, cendres, résidus d'herbes ou d'épices. Mets le reste à la poubelle et range les autres accessoires dans une boîte ou un placard.

Bonus : quand tu achètes un nouvel objet ou accessoire, nettoie-le en le passant à travers la fumée du palo santo ou de la sauge blanche. Après le rituel, tu peux aussi nettoyer la pièce de cette façon pour purifier l'énergie.

QUELQUES IDÉES D'ACCESSOIRES POUR FAIRE UN RITUEL

- **L'eau de lune :** remplis une bouteille d'eau et expose-la aux rayons de la nouvelle lune ou de la pleine lune. Range-la dans un lieu à l'abri de la lumière. Utilise cette eau pour boire ou pour faire des rituels.
- **L'eau sacrée :** dans certains lieux, l'eau est considérée comme bénite ou sacrée, comme si elle possédait des pouvoirs magiques. C'est le cas par exemple de l'eau provenant des lieux mariaux, comme Lourdes ou Fatima.

- **Les huiles essentielles**: les huiles essentielles sont des extraits concentrés de plantes aromatiques obtenus par distillation ou extraction mécanique. Tu peux les utiliser en déposant quelques gouttes sur ta peau, en parfumant une lettre à l'Univers ou en les mélangeant dans tes préparations magiques.

    Voici une petite liste pour t'aider dans ton choix :
    - arbre à thé : guérison, énergisant ;
    - bergamote : apaisement, chance, abondance ;
    - chèvrefeuille : apaisement, lucidité, harmonie ;
    - citron : clarté d'esprit, conscience accrue, purification ;
    - eucalyptus : purification, protection ;
    - lavande : relaxation, calme, paix, guérison, sommeil, équilibre ;
    - orange : relaxation, tendresse ;
    - patchouli : argent, abondance financière, succès ;
    - rose : amour, amour-propre, beauté, empathie.

- **Les plantes, herbes, épices et autres ingrédients** : depuis des millénaires, les hommes savent utiliser les produits naturels pour se soigner ou augmenter leurs chances de réussite. N'hésite pas à utiliser ces éléments afin d'honorer la nature et de te connecter plus profondément avec l'énergie universelle.

    Voici une petite liste pour t'aider dans ton choix :
    - basilic : purification, apaisement psychique, chance ;
    - camomille : relaxation, tranquillité, méditation, chance ;
    - cannelle : chance, prospérité, abondance, douceur, réussite ;
    - clous de girofle : purification, protection ;
    - gui : chance, fécondité, amour ;
    - jasmin : amour, argent ;
    - laurier : abondance financière, dons psychiques ;
    - lavande : relaxation, calme, paix, guérison, sommeil, équilibre ;
    - menthe : guérison, purification, protection, argent ;
    - muguet : chance, prospérité, amour ;
    - myrrhe : purification, protection mystique ;
    - ortie : purification, protection ;

- poivre noir : courage, purification ;
- romarin : protection, mémoire, concentration, apaisement, clarté mentale ;
- sauge : purification, protection ;
- sel : purification, protection ;
- sucre : amour, douceur, réussite ;
- thym : purification, sommeil, guérison ;
- verveine : réussite, dons psychiques, amour.

- **Les pierres et minéraux :** provenant directement de la terre mère, les minéraux possèdent des vertus et des propriétés exceptionnelles en termes d'énergie. Tu peux placer une ou plusieurs pierres sur ton autel lorsque tu fais un rituel.

Voici une petite liste pour t'aider dans ton choix :
- améthyste : protection, purification, élévation spirituelle, paix, amour, sagesse ;
- aventurine verte : chance, prospérité, créativité, guérison ;
- azurite : clarté mentale, dons psychiques ;
- citrine : abondance financière, réussite ;
- fluorite : clarté d'esprit, élévation spirituelle, harmonie ;
- hématite : protection, ancrage, courage ;
- howlite : calme, patience, sommeil, concentration ;
- jade : apaisement, équilibre émotionnel, paix, sagesse ;
- jaspe rouge : ancrage, force, courage, passion ;
- labradorite : protection, dons psychiques ;
- lapis-lazuli : intuition, confiance en soi, apaisement ;
- malachite : protection, transformation, élévation spirituelle ;
- obsidienne : purification, protection, guérison émotionnelle ;
- œil-de-tigre : protection, concentration, ancrage ;
- pierre de lune : intuition, paix intérieure, sommeil, méditation ;
- pyrite : argent, abondance financière, mémoire ;
- quartz rose : amour, amour-propre, amitié ;
- sélénite : dons psychiques, clarté mentale, apaisement ;
- turquoise : protection, guérison, équilibre émotionnel.

- **Les encens** : ils existent sous différentes formes (bâtonnets, cônes...) et servent à purifier les lieux et à se connecter au monde invisible.
- **Les bougies** : elles permettent une meilleure connexion avec l'Univers, et le feu permet de dématérialiser nos demandes en les brûlant et en les envoyant sous forme d'énergie. Une bougie est un pont entre le plan matériel et le plan astral. Choisis une couleur adaptée au rituel que tu désires mettre en place.

  Voici une petite liste pour t'aider dans ton choix :
  - blanc : pureté, protection, guérison, vérité ;
  - bleu : paix, sérénité, communication, guérison, intuition ;
  - bougie en cire d'abeille : chance, abondance financière ;
  - jaune : clarté mentale, communication, bonheur, chance ;
  - noir : protection, neutralisation des énergies négatives ;
  - orange : créativité, enthousiasme, succès, joie ;
  - rose : romantisme, tendresse, compassion, douceur ;
  - rouge : passion, force, courage, amour ;
  - vert : croissance, santé, abondance, prospérité, chance, guérison ;
  - violet : spiritualité, sagesse, transformation, protection psychique.

  Je te conseille de choisir la couleur de la bougie en fonction de l'intention que tu veux donner à ton rituel. Tu peux aussi combiner plusieurs couleurs de bougies pour renforcer l'énergie et l'efficacité du rituel.

- **Les symboles** : chaque symbole est une représentation qui sert à focaliser plus d'énergie et à renforcer ton intention. Choisis le ou les symboles que tu vas utiliser en fonction de ce que tu souhaites manifester.
  - l'arbre de vie : il s'agit d'une représentation d'un arbre avec des branches étendues qui symbolisent l'origine de la vie, la croissance et l'énergie positive. C'est également un symbole de force, de protection et de renouveau. Utilise ce symbole pour les rituels tournés vers la création ou la réussite d'un projet.

- la fleur de vie : il s'agit d'un symbole géométrique composé de multiples cercles interconnectés qui créent une forme de fleur. Ce motif est considéré comme sacré et représente la perfection et l'éternité. Utilise le symbole de la fleur de vie pour augmenter la puissance de ton rituel, recharger tes pierres ou purifier un lieu. Ce symbole est sans doute l'un des plus puissants qui existent !

- le pentacle ou pentagramme : il s'agit d'une figure géométrique composée de cinq lignes droites formant une étoile à cinq branches. Le pentacle est un symbole de protection, mais il peut aussi être utilisé pour représenter l'éveil spirituel ou le féminin sacré. Tu peux l'utiliser dans n'importe quel rituel afin de te protéger énergétiquement.

- le mantra « AUM » ou « OM » : ce mantra est considéré comme le son primordial de l'Univers dans la spiritualité hindoue et bouddhiste. Il s'agit d'un son sacré et puissant qui permet de favoriser la concentration, la relaxation et la connexion spirituelle. Le symbole « Om » permet d'apporter un sentiment de paix intérieure et d'harmonie, et de nous ouvrir à la création et au divin en chacun de nous. Utilise ce symbole aussi souvent que tu en ressens le besoin (suis ton intuition).

- la main de Fatima : il s'agit d'un symbole de protection très puissant. La main de Fatima protège contre le mauvais œil et apporte bonheur, chance et protection à celui qui le porte ou l'utilise.

- le triskèle : il s'agit d'un symbole composé de trois spirales entrelacées, souvent utilisé dans l'art celtique. Il symbolise le chiffre trois et toutes les trinités existantes sur terre : eau/terre/ciel ; solide/liquide/gazeux ; naissance/vie/mort ; Père/Fils/Saint-Esprit ; passé/présent/avenir... Utilise ce symbole pour faire un rituel dans la nature ou pour t'adresser directement aux dieux celtiques.

- le Métatron : le cube de Métatron est considéré comme un protecteur puissant contre les influences négatives et les attaques occultes. Utilise-le pour obtenir une protection supplémentaire ou pour multiplier les effets de ton rituel.

- le Yin et le Yang : il s'agit du symbole de l'équilibre par excellence. L'équilibre entre le féminin et le masculin, mais aussi l'équilibre entre le monde physique et le monde spirituel. Ce symbole est particulièrement recommandé pour les rituels orientés vers l'amour ou le retour au calme dans les situations difficiles.

- le caducée : il s'agit d'un symbole composé d'un bâton entouré de deux serpents et surmonté de deux ailes. Très souvent associé à la profession médicale, le caducée est le symbole parfait à utiliser pour les rituels de guérison.

Témoignages d'abonnés

Merci Sindy, tu mérites tout le bonheur du monde. Je tenais à te dire que je fais beaucoup de choses tous les jours et que j'ai enfin eu une bonne surprise : hier, j'ai reçu une prime sur mon salaire de 500 €. Je n'y croyais pas ! Un grand merci, et merci à l'Univers.

Coucou Sindy ! J'ai fait le mantra pour attirer l'abondance financière début janvier, et fin janvier j'ai fait +30 % de chiffre d'affaires. Je pensais que ça n'arriverait qu'une fois, mais aujourd'hui ça continue. J'ai aussi fait le mantra pour attirer de nouveaux clients, et hier j'ai eu un excellent résultat.

Merci pour tout ce que tu nous apportes au quotidien. J'ai commencé à travailler la Loi de l'attraction et j'ai mis en place des rituels juste avant d'aller me faire opérer il y a un mois. Non seulement j'ai déjà eu beaucoup de résultats, mais en plus, après une grosse période de dépression de deux ans, je me sens revivre comme si la magie était une évidence. Merci à toi et merci à l'Univers de t'avoir mise sur mon chemin.

Coucou, juste un énième message pour te remercier. J'ai commencé à voir ta master class, et depuis, je reçois régulièrement des primes qui tombent en plus de mon salaire. Mais cet après-midi, mes responsables m'ont annoncé que j'avais une augmentation de 5 000 € sur l'année alors que je ne l'avais même pas demandée !

- **Les runes**: il s'agit d'un système d'écriture ancien utilisé par les peuples germaniques et scandinaves. Les runes servent à invoquer des puissances mystiques ou à faire de la divination. Dans le cas des rituels, chaque rune représente une énergie et une intention différentes. Choisis la rune qui correspond à ta situation et écris-la sur ton poignet, dans la paume de ta main ou sur une feuille ou un objet afin d'amplifier ton intention. Voici quelques-unes des runes que j'utilise le plus dans mes rituels :
    - Wunjo : la joie et l'harmonie.
    - Sowilo : victoire, réussite, croissance.
    - Berkano : renaissance, guérison, nouveau projet.
    - Jera : récolte, patience, abondance.
    - Perthro : chance, destinée, intuition.
    - Uruz : force, courage, puissance.
    - Fehu : argent, abondance financière.
    - Elhaz ou algiz : protection, connexion spirituelle.
    - Gebo : échanges, relations, cohésion.

- **Les meilleures dates pour faire un rituel :**
    - nouvelle lune : c'est le moment où la nuit est la plus sombre, la nuit de la renaissance, le moment parfait pour planter des graines d'intentions dans le champ quantique. N'hésite pas à faire un rituel les soirs de nouvelle lune afin de demander quelque chose à l'Univers ;
    - pleine lune : les nuits de pleine lune, l'énergie de la lune est à son apogée et s'apprête à entrer dans une période de déclin. C'est le moment de se poser la question : « Qu'est-ce que j'ai envie de laisser aller dans ma vie ? Sur quoi ou sur qui puis-je lâcher prise afin de me sentir plus libre ? Qu'est-ce que j'ai envie d'abandonner à partir d'aujourd'hui ? » C'est aussi un excellent moment pour faire un rituel et réfléchir à ce que tu souhaites vraiment manifester dans ta vie. Laisse aller le passé et fais place au futur ;
    - fêtes païennes : il s'agit de célébrations traditionnelles fondées sur des croyances liées à la nature, aux cycles de la terre et aux divinités païennes. Il existe huit grandes fêtes dans la roue de l'année, au cours desquelles nos ancêtres organisaient des rituels, des danses, des cérémonies, des feux sacrés, des offrandes, des chants ou encore des processions et des banquets. De nos jours, les sorciers et sorcières modernes continuent de célébrer ces

dates importantes afin de se connecter à la nature et de célébrer les cycles de la vie. Ces jours sont propices à faire des rituels car ils portent des égrégores de magie millénaire très puissante (un égrégore est un esprit de groupe, créé et alimenté par la pensée et les émotions d'un groupe de personnes partageant des croyances, des valeurs ou des objectifs communs. C'est un peu comme un nuage de magie auquel tu peux te connecter pour avoir plus de puissance).

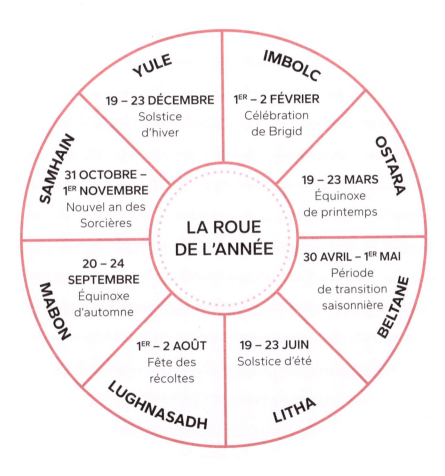

Pour finir ce chapitre magique et intense sur les rituels, sache que tu peux utiliser autant d'accessoires que tu le souhaites pour créer ton propre rituel, ou même n'en utiliser aucun ! Le plus important, c'est l'intention que tu poses en préparant ce moment de connexion avec l'Univers. Que veux-tu obtenir de ce rituel ? Pourquoi le fais-tu ? Quel est ton objectif principal ? Un rituel est un moment de magie intense au cours duquel tu envoies un message fort au champ quantique et au divin en leur disant :

> « Je ne sais pas quand ni comment je pourrai obtenir ça, mais je vous fais confiance et je compte sur vous pour me donner un coup de pouce. »

Plus tu auras confiance en l'Univers, plus tu auras de chances de recevoir ce que tu as demandé ; alors fais un petit rituel de temps en temps (quand tu en ressens le besoin) et laisse la magie opérer...

Voici cinq idées de rituels pour trouver l'amour. Tu peux les adapter à ta guise : n'oublie pas que c'est ton intention qui va manifester la rencontre.

- Rituel de la pleine lune
    - Choisis une nuit de pleine lune et trouve un endroit calme à l'extérieur.
    - Prends une feuille de papier et un stylo rouge.
    - Prends ton temps pour écrire les qualités que tu recherches chez un partenaire. N'hésite pas à mettre tous les critères dont tu rêves, qu'il s'agisse de qualités physiques, intellectuelles, sportives, ou même de critères géographiques, etc.
    - Lis à voix haute ce que tu as écrit en visualisant une lumière rose, symbole de l'amour, qui t'enveloppe.
    - Brûle le papier dans un récipient sécurisé et laisse la fumée emporter tes désirs vers la lune et l'Univers.
- Rituel du miroir
    - Prends un miroir et place-le dans un endroit calme où tu ne vas pas être interrompu.
    - Allume une bougie rose (associée à l'amour) et place-la devant le miroir.

- Regarde-toi dans le miroir et répète des affirmations positives comme « Je suis digne de l'amour » ou « Je suis prêt à accueillir l'amour dans ma vie ».
- Laisse la bougie se consumer complètement (ne la laisse jamais sans surveillance).
- Fais ce rituel une fois par semaine pendant un mois.

- Rituel de la rose rouge
  - Achète une rose rouge, symbole par excellence de l'amour.
  - Avant de te coucher, détache les pétales de la rose et place-les sous ton oreiller. Pendant cinq minutes, concentre-toi sur l'histoire d'amour que tu souhaites attirer.
  - Imagine rencontrer la personne idéale et vivre une relation harmonieuse avec elle. Efforce-toi de ressentir des sensations intenses, comme si elle te caressait le bras, te touchait le visage ou t'embrassait langoureusement.
  - Garde les pétales de la rose sous ton oreiller pendant sept nuits, puis jette-les dans la nature.

- Rituel du bain d'amour
  - Prépare un bain et ajoute des pétales de roses, quelques gouttes d'huile essentielle de rose et une pincée de sel de mer (sel fin ou gros sel, peu importe).
  - Allume des bougies autour de la baignoire et éteins les lumières pour créer une atmosphère apaisante.
  - Pendant ton bain, visualise l'amour que tu veux attirer et imagine des petites scènes dans lesquelles tu te sens heureux et comblé.
  - Ressens de la gratitude pour cet amour à venir, comme s'il était déjà présent.

- Rituel de la feuille de laurier
  - Sur une feuille de laurier, écris « L'amour véritable, sain et sincère ».
  - Place la feuille dans une coupelle, allume une bougie blanche et fais couler quelques gouttes de cire sur la feuille de laurier.
  - Laisse la feuille aux rayons de la lune pendant trois nuits.
  - Au matin du quatrième jour, brûle la feuille de laurier et souffle les cendres à l'extérieur.

VOICI CINQ IDÉES DE RITUELS POUR ATTIRER L'ABONDANCE FINANCIÈRE.

- Rituel de la bougie verte
  - Dans une coupelle, allume une bougie verte, symbole de prospérité et d'abondance.
  - Place un billet de banque sous la coupelle (peu importe s'il est vrai ou faux, mais si possible un billet de 20 € ou 50 €).
  - Répands une cuillerée à café de cannelle dans la coupelle, tout autour de la bougie, puis attends que celle-ci se consume complètement.
  - Récupère le billet et place-le dans ton portefeuille ou sur ton tableau de visualisation. Tu peux l'utiliser ou le garder, au choix !
  - Jette les restes de bougie et de cannelle à la poubelle.
- Rituel du chèque d'abondance
  - À chaque nouvelle lune, imprime un chèque ou prends un chèque de ton propre chéquier, et écris la somme que tu souhaites manifester.
  - Mets la date du jour et signe-le de l'« Univers ».
  - Place le chèque dans ton portefeuille ou sur ton tableau de visualisation jusqu'à la nouvelle lune suivante. Tu peux les cumuler ou les brûler au fur et à mesure.

BANQUE DE L'UNIVERS   DATE 01/01/20..

CONSEIL POUR LE VERSEMENT: Ressentir de la gratitude

PAYEZ Dix mille euros   10.000 €

À L'ORDRE DE Ton nom et prénom

TIRÉ DE: LA BANQUE DE L'UNIVERS
COMPTE: ABONDANCE ILLIMITÉE   SIGNÉ L'Univers

Non monnayable, non remboursable et non transférable
1.11 2.22 3.33 4.44 5.55 7.77 8.88 9.99   @eveil_spirituel

- **Rituel de la pyrite**
  - Procure-toi une petite pierre de pyrite, connue pour attirer la richesse et la prospérité.
  - Nettoie-la à la sauge ou au palo santo.
  - Écris sur un papier l'intention avec laquelle tu vas charger ta nouvelle pierre, par exemple : « Gagner 10 000 € supplémentaires dans de bonnes conditions » ou « Obtenir une augmentation de 100 € par mois minimum ».
  - Place le papier sous la pyrite pendant vingt-quatre heure, au soleil.
  - Récupère ta pyrite et garde-la dans ton salon ou ton espace de travail afin d'attirer l'abondance financière. Tu peux aussi la placer dans ton sac.
  - Recharge ta pierre avec ton intention au moins deux fois par an.
- **Rituel du verre d'eau**
  - Remplis un verre avec de l'eau (de source ou du robinet, peu importe).
  - Verse une cuillerée à café de sucre dans le verre en prononçant la formule : « Je suis un aimant à argent, je suis un aimant pour l'abondance financière, j'attire à moi de grandes quantités d'argent. »
  - Laisse le verre dans ta cuisine ou ton salon pendant quarante-huit heures, puis vide-le à l'extérieur.
- **Rituel du riz**
  - Prends un bol et remplis-le de riz, symbole de prospérité.
  - Pose tes mains de chaque côté du bol et visualise une situation dans laquelle tu rencontres quelqu'un que tu n'as pas vu depuis longtemps et où tu lui expliques tout ce que tu peux faire maintenant que tu as fait fortune. N'hésite pas à entrer dans les détails pour donner plus de crédibilité à ton récit.
  - Une fois que tu as fini ta visualisation, place trois pièces de monnaie de valeurs différentes dans le bol de riz.
  - Place-le dans ton salon ou dans ta chambre jusqu'à la pleine lune suivante.
  - Récupère les pièces et jette le riz une fois le rituel terminé.

VOICI CINQ IDÉES DE RITUELS
POUR AMÉLIORER TON BIEN-ÊTRE PHYSIQUE ET MENTAL.

- Rituel de l'infusion
    - Un soir de nouvelle lune, prépare une infusion à la camomille et savoure-la à ta fenêtre ou dehors, directement sous les rayons de la lune.
    - Récite cette prière en imaginant que les mots sortent de ta bouche pour monter vers le ciel : « Dame Lune, merci de m'avoir permis de trouver la paix du corps, de l'âme et de l'esprit. En prononçant ces mots, j'accueille la sérénité et la joie dans ma vie. Ainsi soit-il. »
    - Récupère le petit sachet de camomille, puis enterre-le dans la nature le lendemain.

- Rituel de la flamme violette
    - Chaque matin pendant vingt et un jours (et plus si tu le souhaites ou si tu en ressens le besoin), réveille-toi cinq minutes avant ton heure habituelle.
    - Allonge-toi sur le lit, tourne tes paumes vers le ciel et prends une profonde inspiration en imaginant qu'une lumière violette entre dans ton corps par le haut de ta tête.
    - À l'expiration, visualise une fumée noire qui sort de ton corps et disparaît dans l'Univers.
    - Répète le processus pendant cinq minutes et prends le temps de visualiser comment la lumière violette apporte de la sérénité et de l'amour dans chaque parcelle de ton corps. Si tu souffres à un endroit en particulier, n'hésite pas à concentrer la lumière violette sur cet objectif.

- Rituel de la bougie blanche
    - Allume une bougie blanche, symbole d'innocence, de pureté et de guérison.
    - Prends quelques secondes pour observer la flamme et répète l'affirmation suivante : « Je suis en parfaite santé physique et mentale et je suis plein d'énergie. Je me traite avec amour et bienveillance, et j'aime chaque partie de mon corps. » Tu peux la répéter plusieurs fois si tu le souhaites.
    - Laisse la bougie se consumer jusqu'à la fin. Tu peux faire ce rituel autant de fois que tu en ressens le besoin.

- **Rituel de l'eau informée**
  - Procure-toi une bouteille en verre, si possible de couleur bleue ou verte.
  - Remplis-la avec de l'eau et pose tes mains de chaque côté de la bouteille.
  - Concentre-toi sur l'eau et informe-la de ton intention : « M'aider à guérir, apaiser mon mental, me donner plus d'énergie, soulager mes douleurs… » Tu peux même coller une étiquette sur la bouteille afin de noter l'intention que tu veux lui donner.
  - Consomme ton eau informée aussi souvent que possible et nettoie la bouteille régulièrement.
- **Rituel de la pierre de guérison**
  - Procure-toi une petite pierre comme un quartz rose ou un cristal de roche. Autre option : pour ce rituel, tu peux prendre une pierre lambda que tu trouveras dans la forêt, à la montagne ou à la plage.
  - Nettoie-la à la sauge ou au palo santo.
  - Écris sur un papier l'intention avec laquelle tu vas charger ta nouvelle pierre, par exemple : « Me sentir mieux dans ma tête et dans mon corps » ou « Recevoir des bonnes nouvelles lors de mon prochain bilan de santé ».
  - Place le papier sous la pierre pendant vingt-quatre heures, au soleil.
  - Récupère ta pierre et place-la sous ton oreiller.
  - Recharge ta pierre avec ton intention au moins quatre fois par an.

Avertissement important : en ce qui concerne la santé, je suis de ceux qui pensent qu'il vaut mieux mettre toutes les chances de son côté afin de guérir. Voilà pourquoi je ne te conseillerai jamais de renoncer à la médecine moderne. Personnellement, j'aime l'allier à la médecine holistique car je pense que les deux méthodes sont complémentaires.

Enfin, pour tous les rituels que je viens de te proposer, tu peux ajouter ou modifier des éléments à ta guise. **FAIS-TOI CONFIANCE !** J'ai volontairement choisi de te proposer des rituels simples afin que tu puisses y ajouter des runes, des symboles, des herbes ou des pierres selon ce qui résonne en toi, alors suis ton intuition et adapte ces rituels à ta propre vibration.

LE TRAVAIL SUR LES CHAKRAS

Alors, les chakras, c'est un peu comme quand on parle de physique quantique, en général ça fait peur aux gens. Mais je te rassure, cher lecteur, tu n'as absolument rien à craindre de tes chakras. Au contraire, ils sont là pour t'aider à faire circuler l'énergie librement dans ton corps. Le problème, c'est qu'avec notre vécu et nos expériences traumatiques du passé, parfois nos chakras (que certains appellent aussi des centres énergétiques) ont tendance à fonctionner plus lentement, ou de façon moins efficace. C'est un peu comme si tu te faisais une vilaine blessure au genou et que tu ne la nettoyais pas correctement : au bout d'un moment, ça va s'infecter et ça va te faire encore plus mal, n'est-ce pas ? D'ailleurs, maintenant que tu as compris (notamment grâce à la physique quantique) que le monde était fait d'énergie, ne te semble-t-il pas logique de devoir prendre soin de ton énergie tout autant que de ton corps physique ? Tu te douches bien tous les jours, pas vrai ? Tu te brosses les dents au quotidien, n'est-ce pas ? Alors pourquoi ne prendrions-nous pas l'habitude de nettoyer aussi notre énergie chaque jour ?

Si on le faisait au quotidien, nos chakras fonctionneraient beaucoup mieux, l'énergie circulerait plus librement dans notre corps, et nous pourrions manifester beaucoup plus vite.

La bonne nouvelle, c'est que c'est très simple d'aligner ou de nettoyer tes centres énergétiques, il te suffit de faire une chose : te donner de l'amour. Qu'est-ce que ça signifie ? Que tu vas devoir prendre soin de toi, et je ne parle pas de regarder ta série préférée à la télé ! Je parle de te donner du temps de qualité. Tout ce qui te permettra de plonger en toi-même et de passer un moment seul avec toi-même est considéré comme du temps de qualité. Par exemple :

- méditer ;
- visualiser ;
- se balader dans la nature ;
- faire du sport ;
- pratiquer le yoga ;
- danser ;
- faire du *breathwork* (des exercices de respiration) ;
- écouter de la musique ;
- jardiner ;

- écouter des audios subliminaux ;
- faire du *journaling* (toute activité écrite compte : écrire dans un journal, dans un grimoire, faire une technique de manifestation comme le 3/6/9, écrire une lettre à soi-même ou à l'Univers, etc.).

En fait, n'importe quelle activité qui te permet de te retrouver en paix avec toi-même ou de te faire ressentir de la joie et de l'harmonie intérieure est valable et va te permettre d'augmenter ton énergie grâce à l'alignement de tes chakras !

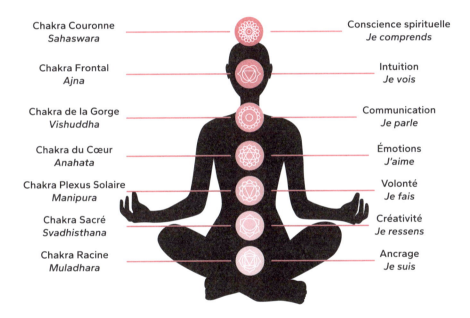

En conclusion : si tu veux vraiment utiliser la Loi de l'attraction dans ta vie et obtenir des résultats, tu vas devoir augmenter ton énergie, augmenter ta croyance et envoyer des demandes claires au champ quantique, et pour faire cela, tu peux choisir n'importe quelle technique que je viens de te détailler dans ce chapitre, mais tu dois le faire chaque jour.

Témoignages d'abonnés

Bonsoir Sindy, j'ai commencé votre master class il y a un peu plus d'un mois. J'ai écrit un message pour avoir 50 000 € avant le 16 novembre, et aujourd'hui mes parents viennent de me dire qu'ils allaient acheter un appartement pour mon frère, ma sœur et moi. La valeur de ce bien est d'un peu plus de 250 000 €, ce qui fait 50 000 € environ chacun. Je crois encore plus à la Loi de l'attraction ! Un grand merci à vous.

Coucou Sindy, on vient de me proposer un job en CDI qui se combine parfaitement avec mon activité de massage. Quel signe ! Vive la Loi de l'attraction, vive toi, gratitude infinie, Sindy.

Bonjour Sindy, merci infiniment pour ce merveilleux mantra à l'Univers pour obtenir l'emploi de mes rêves. Je viens d'obtenir le poste et je signerai mon contrat la semaine prochaine. Grand merci, gratitude infinie.

Merci, merci, merci à toi pour ton super travail. Moi qui te suis depuis bientôt un an, ma vie a complètement changé. Merci l'Univers !

Coucou Sindy, j'ai reçu une belle somme d'argent totalement imprévue sur mon compte en banque. Merci infiniment Univers !

LES ROUTINES MAGIQUES DE MANIFESTATION : C'EST PARTI !

Cette fois ça y est, nous y sommes : tu as toutes les clés en main pour parvenir à manifester !

D'une part, tu as le savoir/la connaissance et tu as même des preuves scientifiques qui soutiennent que la Loi de l'attraction existe bel et bien !

D'autre part, tu as une liste exhaustive de toutes les techniques possibles que tu peux utiliser pour reprogrammer ton subconscient et faire tes propres formules et rituels !

Maintenant, je vais te donner la ROUTINE MAGIQUE DE MANIFESTATION que j'ai créée spécialement pour toi, pour te permettre d'avoir des résultats rapidement et facilement !

Cette routine est préparée pour une semaine complète. Au fur et à mesure de ta pratique, tu pourras la modifier selon tes résultats et tes envies, mais pour bien commencer, je te conseille de la suivre à la lettre.

Répète cette routine pendant au moins quatre-vingt-dix jours afin d'avoir les premiers résultats dans ta vie, mais n'oublie pas que la Loi de l'attraction est un style de vie et qu'une fois qu'on commence à goûter à la magie de l'Univers, on n'a plus envie de s'arrêter !

D'autre part, certaines croyances vont mettre plus longtemps que d'autres à disparaître, donc sois patient et dis-toi que tu recevras ce que tu as demandé lorsque ce sera le moment parfait pour toi.

> « Quand on veut une chose, tout l'Univers conspire à nous permettre de réaliser notre rêve. »
>
> ---
>
> PAULO COELHO

À SAVOIR !

J'ai créé pour toi cette routine spéciale de manifestation parce qu'au début, je sais à quel point c'est difficile de faire fonctionner la Loi de l'attraction, et aussi parce que cela permet de faire les exercices sans trop se poser de questions ; mais il faut que tu saches ceci :

Tout ce dont tu as besoin pour manifester la vie de tes rêves est déjà en toi !

Tu es une poussière d'étoile qui vient du cosmos, et tu possèdes en toi le même pouvoir divin que l'Univers. Tu es aussi infini, abondant et puissant que lui !

Alors oui, au début tu vas peut-être avoir besoin de la routine pour t'aider à manifester, mais plus tu vas prendre confiance en toi, plus tu vas pouvoir adapter ta pratique à ce qui te plaît le plus. Peut-être qu'au bout d'un moment tu décideras de ne faire que de la méditation, ou que des mantras, ou que des rituels. Peut-être que tu décideras de faire ta routine seulement le matin ou le soir, et non pas tout au long de la journée. Et tu sais quoi ? La Loi de l'attraction fonctionnera quand même. Pourquoi ?!

Parce que ce que tu crois se manifeste !

Eh oui, je t'en ai déjà parlé au début ! À force d'avoir des résultats, ta croyance va devenir de plus en plus forte, et tu manifesteras de plus en plus facilement.

En revanche, il y a une consigne que j'aimerais que tu respectes : c'est celle de faire CHAQUE JOUR quelque chose qui te mette en relation avec ton pouvoir divin et avec le champ quantique. Ne laisse pas la routine te rattraper et t'empêcher d'avoir ce moment rien qu'à toi, ces trente minutes consacrées à toi et à toi seul, à tes projets et à tes rêves…

Et est-ce que tu peux faire moins de trente minutes par jour ? Oui, tu peux, mais plus tu vas consacrer du temps au champ quantique, plus tu vas obtenir des résultats. C'est aussi simple que cela.

Anecdote[1] : il y a quelques années, la NASA a réalisé une expérience pour étudier les effets de la désorientation spatiale sur un groupe d'astronautes. Ils ont donné à chaque participant une paire de lunettes qui inversait la vision, que les astronautes devaient porter jour et nuit. Au début, ceux-ci voyaient tout à l'envers, ce qui leur causait un stress extrême et beaucoup d'anxiété ! Cependant, au bout de vingt-six jours, l'un des astronautes a commencé à sentir sa vision tourner vers la droite, et tout à coup son cerveau a remis l'image à l'endroit : même en portant les lunettes inversées, il voyait le monde à l'endroit !!! Au bout du trentième jour, tous les astronautes avaient connu le même phénomène…
Cependant, pour valider cette expérience, la NASA la réalisa une nouvelle fois avec un autre groupe d'astronautes. Cette fois-ci, au bout de quinze jours, ils demandèrent à l'un des participants d'enlever ses lunettes pendant vingt-quatre heures. Que se passa-t-il ? Il se passa que cet astronaute dut attendre un nouveau cycle de vingt-six jours avant de pouvoir voir le monde à l'endroit ! Autrement dit : le fait d'interrompre sa routine pendant vingt-quatre heures avait suffi à faire repartir tout le processus d'adaptation de zéro !!!

---

1. Dans le même ordre d'idée, tu peux regarder cette vidéo dans laquelle un homme décide d'apprendre à faire du vélo alors que celui-ci est monté à l'envers (active les sous-titres en français) : https://www.youtube.com/watch?v=dUN2ljefLT8

En clair : quand tu oublies de faire ta routine pendant une seule journée, ton subconscient te fait repartir de zéro. Voilà pourquoi il est préférable de faire cinq minutes de gratitude ou de méditation les jours où tu n'as pas beaucoup de temps plutôt que de ne rien faire du tout...

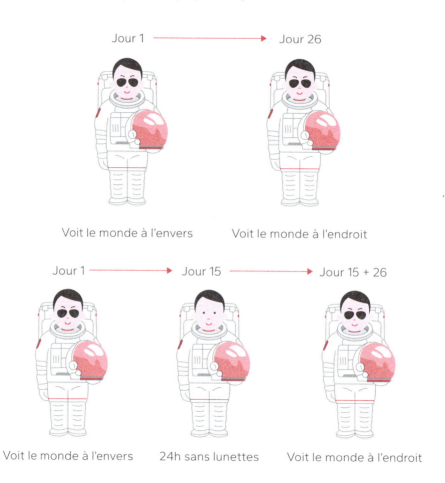

ROUTINE SPÉCIALE BIEN-ÊTRE PHYSIQUE ET MENTAL

Lundi

Au réveil

Pendant cinq minutes : visualise une scène de ton futur dans laquelle tu fais quelque chose que tu ne peux pas faire actuellement. Par exemple : si tu as des allergies alimentaires, imagine-toi en train de manger ces aliments, et ressens la joie et la gratitude à l'intérieur de toi quand tu comprends que ton corps ne réagit plus et qu'il se sent en parfaite santé. Si tu as des problèmes de mobilité, imagine-toi en train de marcher sur la plage, de gravir une montagne ou de courir en riant avec quelqu'un de ta famille. Adapte ta visualisation à ta situation et efforce-toi de ressentir des émotions élevées comme la joie ou la gratitude. Tu peux mettre de la musique ou simplement rester assis ou allongé dans ton lit pour demeurer en ondes Thêta le plus longtemps possible, et ainsi envoyer directement ton scénario au champ quantique.

Pendant la journée

- Dès que tu as un moment qui ne nécessite pas ton attention pleine et consciente, imagine une petite conversation que tu pourrais avoir avec quelqu'un de ton entourage dans ta nouvelle vie rêvée. De quoi parlez-vous ? Quelles émotions ressens-tu ? N'hésite pas à changer les personnages et les sujets de conversation afin que l'exercice soit agréable. Si tu le fais bien, tu vas te rendre compte que cela te donne de l'énergie positive, et tu vas avoir envie de le faire encore plus souvent. Essaye de pratiquer cet exercice au moins trois fois par jour : quand tu prends ta douche, ou que tu fais la cuisine ou le ménage, par exemple.
- Choisis l'une des activités dont je t'ai parlé dans le chapitre précédent et pratique-la pendant dix minutes au minimum (méditation, visualisation, balade dans la nature, sport, yoga, danse, *breathwork*, musique, jardinage, audios subliminaux, *journaling*, ou n'importe quelle autre activité qui te permette de te sentir en harmonie avec toi-même).

Avant d'aller te coucher

Écris sur un carnet une phrase de remerciement à l'Univers pour la journée que tu viens de vivre. S'il ne s'est rien passé de spécial, tu peux simplement remercier l'Univers pour l'air que tu respires, le fait d'avoir de quoi manger et un endroit où dormir. Parfois, les meilleurs remerciements sont les plus basiques, parce qu'ils nous permettent de relativiser.

Truc et astuce !

Si tu sens le doute ou la peur t'envahir à un moment donné de ta pratique, dis-toi «STOP!» mentalement et reviens lire les témoignages parsemés dans les pages de ce livre. Cela te permettra de retrouver immédiatement l'espoir et la foi. Plus tu vas lire ou entendre des témoignages de gens qui ont fait ce que toi tu souhaites faire, plus tu vas y croire, plus tu vas le manifester.

Mardi

Au réveil

Répète les cinq mantras suivants AVANT DE REGARDER QUOI QUE CE SOIT SUR TON TÉLÉPHONE :

- «Je suis infiniment heureux et reconnaissant maintenant que j'ai retrouvé une excellente santé physique et mentale!»
- « Je n'arrive pas à croire que j'ai eu la chance de guérir!»
- «Merci du fond du cœur, Univers, de m'avoir permis de retrouver la santé!»
- «Jamais je n'aurais pu imaginer que je retrouverais une santé aussi parfaite, pourtant c'est bel et bien arrivé!»
- «Merci, merci, merci du fond de mon âme pour tout ce bonheur et pour cette vie incroyable!»

Pendant la journée

- Imprime le symbole du caducée et place-le dans un endroit où tu le verras régulièrement. Tu peux le mettre sur ton tableau de visualisation, dans ta voiture, sur ton frigo, dans ton portefeuille, tu peux même en faire un tableau et l'afficher au beau milieu de ton salon si tu le souhaites!

IMPORTANT : à chaque fois que ton regard croisera ce symbole, je veux qu'un sourire se dessine sur ton visage et que tu dises mentalement « merci » à l'Univers de t'avoir aidé à guérir.

- Choisis l'une des activités dont je t'ai parlé dans le chapitre précédent et pratique-la pendant dix minutes au minimum (méditation, visualisation, balade dans la nature, sport, yoga, danse, *breathwork*, musique, jardinage, audios subliminaux, *journaling*, ou n'importe quelle autre activité qui te permette de te sentir en harmonie avec toi-même).

Avant d'aller te coucher

Pendant cinq minutes au minimum : visualise une scène dans laquelle tu as une parfaite santé physique et mentale. Tu peux mettre de la musique ou rester dans le silence, au choix.

Mercredi

Au réveil

Répète les cinq affirmations positives suivantes AVANT DE REGARDER QUOI QUE CE SOIT SUR TON TÉLÉPHONE :

- « Je suis une personne incroyablement gentille et méritante ! »
- « Je me sens digne de vivre une vie pleine de santé, de joie et d'amour ! »
- « Je sais que j'ai souffert dans le passé, mais je sais aussi que je mérite un bien meilleur futur ! »
- « Je suis tellement fier de moi et de la personne que je suis devenue ! »
- « J'attire à moi de magnifiques expériences et de belles personnes à chaque seconde qui passe ! »

Pendant la journée

- Si tu ne l'as pas déjà fait, il est temps de créer ton *vision board* ! Retourne au chapitre des techniques de manifestation et prends le temps de créer un tableau de vision qui t'aidera à garder en tête tous tes objectifs !

- Si tu as déjà fait ton *vision board*, prends quelques minutes pour voir si tu es toujours en accord avec ce que tu as mis. Y a-t-il quelque chose qui s'est déjà réalisé ? Peut-être as-tu envie d'ajouter ou de modifier une image ? Est-ce que ton *vision board* te représente réellement ? Prends ton temps pour vérifier que les images sont toujours alignées avec tes envies profondes, et modifie-les si ce n'est pas le cas.
- Choisis l'une des activités dont je t'ai parlé dans le chapitre précédent et pratique-la pendant dix minutes au minimum (méditation, visualisation, balade dans la nature, sport, yoga, danse, *breathwork*, musique, jardinage, audios subliminaux, *journaling*, ou n'importe quelle autre activité qui te permette de te sentir en harmonie avec toi-même).

Avant d'aller te coucher

Pendant cinq minutes au minimum : mets tes écouteurs et choisis une musique douce ou un bruit blanc (personnellement, j'adore le bruit de la pluie). Imagine qu'une lumière blanche vient du ciel et traverse ton corps de haut en bas (depuis le sommet de ton crâne jusqu'à tes pieds). La lumière blanche entre dans chaque cellule de ton corps, y reste pendant quelques secondes, puis les nettoie et leur donne une énergie d'amour et de guérison. Quand tu as fini de scanner tout ton corps, la lumière blanche repart dans la terre par le bas de tes pieds. Fais de beaux rêves !

Jeudi

Au réveil

Pendant cinq minutes : visualise une scène de ton futur dans laquelle tu expliques à quelqu'un les techniques que tu as utilisées pour améliorer ta santé. Raconte-lui en détail ce que tu as fait, combien de temps cela a duré, comment tu t'es senti, et surtout à quel point tu es soulagé et heureux que cela ait fonctionné pour toi ! Efforce-toi de ressentir des émotions élevées comme la joie ou la gratitude. Tu peux mettre de la musique ou simplement rester assis ou allongé dans ton lit pour demeurer en ondes Thêta le plus longtemps possible, et ainsi envoyer directement ton scénario au champ quantique.

Pendant la journée

- Dessine la rune Berkano en vert dans la paume de ta main ou sur ton poignet (gauche ou droit, peu importe), et souffle dessus pour l'activer en répétant cette phrase mentalement : « Merci infiniment de m'aider à me sentir mieux à chaque instant, d'être plus calme, plus paisible, en paix avec mon cœur, mon corps et mon âme. »
- Choisis l'une des activités dont je t'ai parlé dans le chapitre précédent et pratique-la pendant dix minutes au minimum (méditation, visualisation, balade dans la nature, sport, yoga, danse, *breathwork*, musique, jardinage, audios subliminaux, *journaling*, ou n'importe quelle autre activité qui te permette de te sentir en harmonie avec toi-même).

Avant d'aller te coucher

Écris sur un carnet quelque chose qui t'a marqué négativement dans ta vie et qui t'empêche d'être en paix avec toi-même. Prends une profonde inspiration et imagine qu'une lumière dorée entre directement dans ton cœur en le gonflant d'amour et de joie. Visualise-la, ressens-la : prends le temps de voir cette lumière d'amour dorée emplir ton cœur de sérénité et de paix. Tu le mérites tellement ! Puis raye ce que tu as écrit sur ton carnet et prononce à voix haute : « Je me pardonne et je laisse aller toutes les émotions enfouies en moi à cause de cette situation. Ainsi soit-il. »

Vendredi

Au réveil

- Pendant une minute : essaye d'établir un record de gratitude en remerciant l'Univers et l'énergie divine pour un maximum de choses que tu possèdes dans ta vie. N'oublie pas de les compter pour essayer de battre ton record la semaine suivante !
- Répète les trois mantras suivants :
  - « Merci, mon corps, d'être aussi incroyablement fort et en bonne santé ! »
  - « Merci, mon esprit, d'être aussi calme et tranquille ! »
  - « Merci, mon âme, de me guider aussi bien dans la vie ! »

Pendant la journée

- Dès que tu as un moment qui ne nécessite pas ton attention pleine et consciente, imagine une scène de ton *vision board*. Avec qui es-tu ? Que fais-tu ? Comment te sens-tu ? Est-ce que cette expérience est aussi exaltante que tu l'imaginais ? Imagine chaque détail de la scène : les couleurs, les odeurs, le toucher, le goût, les bruits qui t'entourent ! Essaye de graver tous ces détails dans ta mémoire, et fais cet exercice au moins trois fois dans la journée.
- Choisis l'une des activités dont je t'ai parlé dans le chapitre précédent et pratique-la pendant dix minutes au minimum (méditation, visualisation, balade dans la nature, sport, yoga, danse, *breathwork*, musique, jardinage, audios subliminaux, *journaling*, ou n'importe quelle autre activité qui te permette de te sentir en harmonie avec toi-même).

Avant d'aller te coucher

C'est l'heure de faire un rituel ! Choisis l'un des rituels que je t'ai proposés dans le chapitre sur les techniques de manifestation, et fais-le dès ce soir ! Tu peux inventer ton propre rituel si tu le souhaites.

Témoignages d'abonnés

Coucou Sindy, je viens de recevoir une belle somme, et j'ai aussi retrouvé 300 € dans un livre de ma bibliothèque. Merci, merci, merci.

Coucou Sindy, hier j'ai fait un rituel avec une feuille de laurier et le nombre 777 écrit dessus. Aujourd'hui, le notaire m'appelle pour me dire qu'elle me rembourse la somme de 500 € sur la vente de mon appartement il y a cinq ans. Incroyable ! Gratitude, Univers, et merci à toi Sindy.

Coucou Sindy, dernièrement j'ai dit merci à l'Univers de m'avoir donné la somme de 10 000 €, mais j'avais l'impression de ne gagner que des petites sommes. Eh bien, je viens de calculer tous mes comptes, et j'ai bien dépassé les 10 000 € ! Du coup maintenant j'ai demandé 20 000 € et c'est en bonne voie.

Bonjour Sindy, la Loi de l'attraction marche, je veux partager ma joie avec toi ! Je viens de recevoir un remboursement important de la part d'un organisme public. Merci pour tes conseils, tu es super, et merci à l'Univers. Je suis tellement heureuse !

Samedi

Au réveil

Répète les cinq affirmations positives suivantes AVANT DE REGARDER QUOI QUE CE SOIT SUR TON TÉLÉPHONE :

- « Je me sens si bien depuis que j'ai commencé cette nouvelle routine ! »
- « Je me félicite d'être aussi persévérant ! »
- « Je suis tellement heureux de voir que ma santé s'améliore de jour en jour ! »
- « Je savais que je méritais de recevoir les bénédictions de l'Univers ! »
- « Je suis entouré d'une énergie bienveillante/d'êtres bienveillants qui me guide(nt) et me protège(nt) à chaque instant ! » (Choisis la formule qui résonne le plus en toi.)

Pendant la journée

- Comporte-toi toute la journée comme si tu avais déjà obtenu la guérison et que tu te sentais parfaitement bien ! Joue la comédie, oblige-toi à sortir, à rire et à faire quelque chose de nouveau ! Je te mets au défi de faire quelque chose de surprenant et d'inconnu…
- Choisis l'une des activités dont je t'ai parlé dans le chapitre précédent et pratique-la pendant dix minutes au minimum (méditation, visualisation, balade dans la nature, sport, yoga, danse, *breathwork*, musique, jardinage, audios subliminaux, *journaling*, ou n'importe quelle autre activité qui te permette de te sentir en harmonie avec toi-même).

Avant d'aller te coucher

Pendant dix minutes au minimum : choisis une méditation guidée sur Internet et pratique-la avec enthousiasme (pas comme si c'était une corvée…).

Truc et astuce!

Quand tu sens que ton subconscient gagne du terrain et que tu as envie de tout abandonner, rappelle-toi ceci: tu es en train de te donner de l'amour! Tu es en train de te faire passer en priorité dans ta vie! Pour une fois, c'est toi qui es au centre de tes attentions, pas les autres! Et tu mérites tout cet amour, parce que plus tu vas t'aimer, plus tes vibrations et ta fréquence vont être celles de l'amour, plus tu vas attirer des personnes qui vont t'aimer encore plus, alors continue!

Dimanche

Aujourd'hui tu es libre de faire ce que tu veux!

La seule chose que je te demande, c'est de choisir l'un de tes exercices préférés et de le faire pendant dix minutes au minimum au cours de la journée (méditation, visualisation, mantras, affirmations positives, *journaling*, sport, dessin, etc.).

Le soir, prends un moment pour faire le bilan de la semaine et noter tes résultats.

Comment te sens-tu aujourd'hui?

....

....

....

As-tu vu des améliorations ou des changements dans ta vie ces derniers jours?

....

....

....

Y a-t-il quelque chose que tu voudrais modifier dans ta routine hebdomadaire ?

....

....

....

Que vas-tu demander à l'Univers la semaine prochaine (le même sujet ou un autre) ?

....

....

....

Quelle technique t'a apporté le plus de résultats ?

....

....

....

Autres :

....

....

....

Maintenant que tu as fait ta première semaine de routine de manifestation, sache que :

- tu peux adapter les exercices comme bon te semble ;
- tu peux ajouter des choses ou remplacer les techniques qui te plaisent le moins par les techniques qui te plaisent le plus ;

- je te conseille de consacrer au moins trente minutes par jour à cette routine, toutes techniques et tous exercices confondus (trente minutes par jour équivalent à cent quatre-vingt-deux heures par an = cinq semaines de trente-cinq heures).

> En te donnant trente minutes d'amour
> et de dévouement par jour, c'est comme si tu prenais
> un peu plus de cinq semaines de trente-cinq
> heures chaque année pour travailler sur toi !

À présent, je vais te donner une routine de manifestation pour l'abondance financière et une autre pour l'amour. Tu vas voir que les exercices se ressemblent car les techniques sont les mêmes pour chaque domaine : il suffit que tu adaptes tes visualisations et tes manifestations à chaque sujet (j'ai déjà remplacé les mantras et les affirmations positives).

ROUTINE SPÉCIALE ABONDANCE FINANCIÈRE

Lundi

Au réveil

Pendant cinq minutes : visualise une scène de ton futur dans laquelle tu fais quelque chose que tu ne peux pas faire actuellement. Par exemple : si tu n'as pas assez d'argent pour refaire toute ta garde-robe, imagine-toi en train de dévaliser tes magasins préférés, et ressens la joie et l'excitation à l'idée de dépenser tout cet argent sans te préoccuper de ton compte en banque. Si tu ne peux pas te permettre d'aller au restaurant, imagine-toi en train de dîner dans le plus beau restaurant de la ville (n'hésite pas à aller sur Internet pour vérifier le nom de l'établissement et voir des photos pour améliorer ta visualisation) avec la personne de ton choix, et imagine votre conversation pendant que vous vous délectez de l'excellence de la nourriture et de l'amabilité des serveurs.
Adapte ta visualisation à ta situation, et efforce-toi de ressentir des émotions élevées comme la joie ou la gratitude. Tu peux mettre de la musique ou simplement rester assis ou allongé dans ton lit pour demeurer en ondes Thêta le plus longtemps possible, et ainsi envoyer directement ton scénario au champ quantique.

Pendant la journée

- Dès que tu as un moment qui ne nécessite pas ton attention pleine et consciente, imagine une petite conversation que tu pourrais avoir avec quelqu'un de ton entourage dans ta nouvelle vie rêvée. De quoi parlez-vous ? Quelles émotions ressens-tu ? N'hésite pas à changer les personnages et les sujets de conversation afin que l'exercice soit agréable. Si tu le fais bien, tu vas te rendre compte que cela te donne de l'énergie positive, et tu vas avoir envie de le faire encore plus souvent. Essaye d'effectuer cet exercice au moins trois fois par jour : quand tu prends ta douche, ou que tu fais la cuisine ou le ménage, par exemple.
- Choisis l'une des activités dont je t'ai parlé dans le chapitre précédent et pratique-la pendant dix minutes au minimum (méditation, visualisation, balade dans la nature, sport, yoga, danse, *breathwork*, musique, jardinage, audios subliminaux, *journaling*, ou n'importe quelle autre activité qui te permette de te sentir en harmonie avec toi-même).

Avant d'aller te coucher

Écris sur un carnet une phrase de remerciement à l'Univers pour la journée que tu viens de vivre. S'il ne s'est rien passé de spécial, tu peux simplement remercier l'Univers pour l'air que tu respires, le fait d'avoir de quoi manger et un endroit où dormir. Parfois, les meilleurs remerciements sont les plus basiques, parce qu'ils nous permettent de relativiser.

Truc et astuce !

N'hésite pas à vivre tes visualisations à fond et à imaginer des scènes qui te sembleraient totalement improbables à l'heure actuelle ! Si tu veux devenir écrivain : imagine que tu es en train de dédicacer ton livre au Salon international du livre ! Si tu veux devenir acteur ou actrice, imagine que tu es invité au Festival de Cannes pour défiler sur le tapis rouge ! Si tu veux devenir millionnaire, imagine-toi en train d'acheter la voiture de tes rêves ou une maison de luxe ! Rien n'est impossible si tes rêves sont assez grands pour te motiver à les poursuivre encore et encore… Lady Gaga a dit un jour : « J'aime mentir. Je répète un mensonge encore et encore, jusqu'à ce qu'il devienne une réalité. »

Mardi

Au réveil

Répète les cinq mantras suivants AVANT DE REGARDER QUOI QUE CE SOIT SUR TON TÉLÉPHONE :

- « Je suis infiniment heureux et reconnaissant maintenant que je vis dans l'abondance financière ! »
- « Je n'arrive pas à croire que j'ai eu la chance de gagner autant d'argent en si peu de temps ! »
- « Merci du fond du cœur, Univers, de m'avoir permis de vivre aussi à l'aise financièrement ! »
- « Jamais je n'aurais pu imaginer que je gagnerais autant d'argent par mois, pourtant c'est bel et bien arrivé ! »
- « Merci, merci, merci du fond de mon âme pour tout cet argent et pour cette vie merveilleuse ! »

Pendant la journée

- Imprime le symbole de la corne d'abondance ou du trèfle à quatre feuilles, et place-le dans un endroit où tu le verras régulièrement. Tu peux le mettre sur ton tableau de visualisation, dans ta voiture, sur ton frigo, dans ton portefeuille, tu peux même en faire un tableau et l'afficher au beau milieu de ton salon si tu le souhaites !

IMPORTANT : à chaque fois que ton regard croisera ce symbole, je veux qu'un sourire se dessine sur ton visage et que tu dises mentalement « merci » à l'Univers de t'avoir aidé à obtenir l'abondance financière.

- Choisis l'une des activités dont je t'ai parlé dans le chapitre précédent et pratique-la pendant dix minutes au minimum (méditation, visualisation, balade dans la nature, sport, yoga, danse, *breathwork*, musique, jardinage, audios subliminaux, *journaling*, ou n'importe quelle autre activité qui te permette de te sentir en harmonie avec toi-même).

Avant d'aller te coucher

Pendant cinq minutes au minimum : visualise une scène dans laquelle tu reçois une grosse somme d'argent (10 000 € au minimum). Tu peux mettre de la musique ou rester dans le silence, au choix.

Mercredi

Au réveil

Répète les cinq affirmations positives suivantes AVANT DE REGARDER QUOI QUE CE SOIT SUR TON TÉLÉPHONE :

- « Je suis une belle personne et je mérite de recevoir beaucoup d'argent pour me faire plaisir et pour aider ceux qui en ont besoin ! »
- « Je me sens digne de prospérer et de gagner beaucoup d'argent ! »
- « Je sais que j'ai eu des difficultés financières dans le passé, mais désormais je suis sur la fréquence de l'argent et j'en reçois en abondance ! »
- « Je me sens béni par la vie et par l'Univers ! »
- « Chaque jour, j'attire à moi d'incroyables sommes d'argent et des opportunités d'enrichissement uniques ! »

Pendant la journée

- Si tu ne l'as pas déjà fait, il est temps de créer ton *vision board* ! Retourne au chapitre des techniques de manifestation, et prends le temps de créer un tableau de vision qui t'aidera à garder en tête tous tes objectifs !
- Si tu as déjà fait ton *vision board*, prends quelques minutes pour voir si tu es toujours en accord avec ce que tu as mis. Y a-t-il quelque chose qui s'est déjà réalisé ? Peut-être as-tu envie d'ajouter ou de modifier une image ? Est-ce que ton *vision board* te représente réellement ? Prends ton temps pour vérifier que les images illustrent bien l'abondance financière (n'hésite pas à accrocher des billets sur ton tableau, qu'ils soient vrais ou faux), et modifie-les si ce n'est pas le cas.
- Choisis l'une des activités dont je t'ai parlé dans le chapitre précédent et pratique-la pendant dix minutes au minimum (méditation, visualisation, balade dans la nature, sport, yoga, danse, *breathwork*, musique, jardinage, audios subliminaux, *journaling*, ou n'importe quelle autre activité qui te permette de te sentir en harmonie avec toi-même).

Avant d'aller te coucher

Pendant cinq minutes au minimum : mets tes écouteurs et choisis une musique douce ou un bruit blanc (personnellement, j'aime beaucoup écouter Vivaldi lors de mes visualisations). Imagine que tu tiens dans tes mains une énorme liasse de billets de 50 € et que ton but est de les compter ! Passe chaque billet d'une main à l'autre en ressentant la texture du billet sous tes doigts et l'odeur de l'argent dans tes narines. Imagine ce que tu ressentirais si tout cet argent était à toi ! Quelle chance ! Quelle joie ! Quel soulagement ! Cesse de compter quand tu arrives à la somme souhaitée (si tu veux compter jusqu'à 50 000 €, utilise plutôt des billets de 500 € dans ta visualisation...).

Jeudi

Au réveil

Pendant cinq minutes : visualise une scène de ton futur dans laquelle tu expliques à quelqu'un les techniques que tu as utilisées pour améliorer ton abondance financière. Raconte-lui en détail ce que tu as fait, combien de temps cela a duré, comment tu t'es senti, et surtout à quel point tu es reconnaissant et heureux que cela ait fonctionné pour toi ! Efforce-toi de ressentir des émotions élevées comme l'exaltation ou la gratitude. Tu peux mettre de la musique ou simplement rester assis ou allongé dans ton lit pour demeurer en ondes Thêta le plus longtemps possible, et ainsi envoyer directement ton scénario au champ quantique.

Pendant la journée

- Dessine la rune Fehu en vert dans la paume de ta main ou sur ton poignet (gauche ou droit, peu importe), et souffle dessus pour l'activer en répétant cette phrase mentalement : « Merci infiniment de m'aider à attirer toujours plus d'argent, de me guider vers des opportunités lucratives et de m'encourager à prospérer dans cette vie et dans toutes les autres. »
- Choisis l'une des activités dont je t'ai parlé dans le chapitre précédent et pratique-la pendant dix minutes au minimum (méditation, visualisation, balade dans la nature, sport, yoga, danse, *breathwork*, musique, jardinage, audios subliminaux, *journaling*, ou n'importe quelle autre activité qui te permette de te sentir en harmonie avec toi-même).

Témoignages d'abonnés

La semaine dernière je me suis dit : « Tiens, c'est le moment d'emmener les enfants à un spectacle de fin d'année ». Je n'ai pas spécialement pensé à faire une demande ou pensé à la Loi de l'attraction, mais j'ai pensé à la joie de leur faire partager un moment comme celui-là, et aujourd'hui une copine vient de m'offrir quatre places pour *Le Roi Lion*, ce soir à 20 heures ! Merci, merci, merci !

Merci Sindy, hier j'ai perçu des intérêts de la banque mais je ne pensais pas à une somme aussi importante. Merci infiniment, je vais continuer à suivre ce beau chemin de chance.

Coucou Sindy, lorsque je t'ai rencontrée sur Facebook, j'étais à la croisée des chemins. Je savais que je ne voulais plus retourner travailler là où j'étais parce que je n'aimais plus ça et parce que je n'étais plus en mesure d'effectuer les tâches physiques. Je rêvais d'être entrepreneure et de vivre une vie sans limites, alors j'ai commencé à rêver ma vie et à élaborer un projet d'entreprise, puis j'ai utilisé les outils de la Loi de l'attraction, tes mantras, ta master class et tes méditations, et en à peine six mois et demi j'ai des revenus vraiment très intéressants. Merci à l'Univers et merci à toi de t'être montrée sur mon fil d'actualité.

Bonsoir Sindy, par ce message je tenais à vous remercier de m'avoir permis de retrouver la foi. Depuis quelques jours j'ai fait un travail sur moi et j'ai nettoyé et libéré plein de choses. J'ai aussi effectué les mantras que vous partagez. Un grand merci à vous et un grand merci à l'Univers car tout s'est résolu en une journée !

Avant d'aller te coucher

Écris sur un carnet une croyance limitante ou une situation négative que tu as vécue en rapport avec l'argent et qui, selon toi, t'empêche de prospérer. Prends une profonde inspiration et imagine qu'une lumière verte scintillante entre directement dans ton cœur en le gonflant d'amour et d'espoir. Visualise-la, ressens-la : prends le temps de voir cette lumière verte scintillante emplir ton cœur de joie et d'incrédulité. Tu avais peur de ne pas mériter l'abondance financière, pourtant maintenant tu t'en rends compte : tu es digne de recevoir toutes les faveurs de l'Univers, c'est ton droit de naissance ! Ensuite, raye ce que tu as écrit sur ton carnet et prononce à voix haute : « Je suis libéré de ce fardeau et je peux désormais recevoir l'argent en abondance et en toute facilité. Qu'il en soit ainsi. »

Vendredi

Au réveil

- Pendant une minute : essaye d'établir un record de gratitude en remerciant l'Univers et l'énergie divine pour un maximum de choses que tu possèdes dans ta vie. N'oublie pas de les compter pour essayer de battre ton record la semaine suivante !
- Répète les trois mantras suivants :
  - « Merci, mon subconscient, d'avoir enfin accepté que nous méritons de vivre dans l'abondance ! »
  - « Merci, mon esprit conscient, d'être aussi déterminé à atteindre la prospérité ! »
  - « Merci, mon âme, de me guider vers les bonnes affaires grâce à mon intuition sans faille ! »

Pendant la journée

- Dès que tu as un moment qui ne nécessite pas ton attention pleine et consciente : imagine que tu reçois un coup de fil d'un numéro masqué. Tu décroches, et là on t'annonce une excellente nouvelle ! Tu as gagné une grosse somme d'argent au loto/à un concours local/grâce à un remboursement inattendu/grâce à un don anonyme… Choisis la situation qui te fait le plus vibrer et visualise la scène : où es-tu au moment où tu reçois cet appel ? Que ressens-tu en apprenant la nouvelle ? À qui as-tu envie d'annoncer cette belle surprise ? Imagine chaque détail de la scène : les couleurs, les odeurs, le toucher, le goût, les bruits qui t'entourent ! Essaye de graver tous ces détails dans ta mémoire, et fais cet exercice au moins trois fois dans la journée.

- Choisis l'une des activités dont je t'ai parlé dans le chapitre précédent et pratique-la pendant dix minutes au minimum (méditation, visualisation, balade dans la nature, sport, yoga, danse, *breathwork*, musique, jardinage, audios subliminaux, *journaling*, ou n'importe quelle autre activité qui te permette de te sentir en harmonie avec toi-même).

Avant d'aller te coucher

C'est l'heure de faire un rituel ! Choisis l'un des rituels que je t'ai proposés dans le chapitre sur les techniques de manifestation et fais-le dès ce soir ! Tu peux inventer ton propre rituel si tu le souhaites.

Samedi

Au réveil

Répète les cinq affirmations positives suivantes AVANT DE REGARDER QUOI QUE CE SOIT SUR TON TÉLÉPHONE :

- « Je reçois tellement de bonnes nouvelles depuis que j'ai commencé cette routine ! »
- « Je me félicite d'être aussi motivé ! »
- « Je suis tellement heureux de voir que l'abondance entre dans ma vie un peu plus chaque jour ! »
- « Je savais que je méritais de recevoir les grâces de l'Univers ! »
- « Je suis entouré d'une énergie bienveillante/d'êtres bienveillants qui me guide(nt) et m'envoie(nt) les bonnes personnes et les meilleures opportunités à chaque instant ! » (Choisis la formule qui résonne le plus en toi.)

Pendant la journée

- Comporte-toi toute la journée comme si tu vivais déjà dans l'abondance financière et que tu te sentais extrêmement chanceux et reconnaissant ! Joue la comédie, oblige-toi à ressentir de l'insouciance, à flâner dans les rues en imaginant que tu peux tout acheter et à te comporter comme une diva, une rock star ou un multimillionnaire...

- Choisis l'une des activités dont je t'ai parlé dans le chapitre précédent et pratique-la pendant dix minutes au minimum (méditation, visualisation, balade dans la nature, sport, yoga, danse, *breathwork*, musique, jardinage, audios subliminaux, j*ournaling*, ou n'importe quelle autre activité qui te permette de te sentir en harmonie avec toi-même).

Avant d'aller te coucher

Pendant dix minutes au minimum : mets-toi en position assise ou allongée sur ton lit ou sur une chaise, et imagine que le chiffre 8 commence à apparaître dans ta vie. C'est un signe d'abondance et de richesse, annonciateur de chance et de prospérité ! Pendant ta méditation, imagine que tu croises le chiffre 8 partout : sur les plaques d'immatriculation, à la télé, sur les réseaux sociaux, sur des panneaux de signalisation ou dans les rues. Couche-toi avec le chiffre 8 en tête.

Truc et astuce !

Nous émettons entre 60 000 et 70 000 pensées par jour, mais toutes nos pensées ne sont pas nécessairement vraies (et encore heureux) ! Par conséquent, lorsqu'une pensée négative te traverse l'esprit, oblige-toi consciemment à l'ignorer. Laisse-la s'en aller sans lui accorder la moindre attention. En effet, là où ton attention va, ton énergie va, et crois-moi, tu n'as pas envie de mettre ton attention et ton énergie dans une pensée négative, car elle ne ferait qu'empirer (tu connais déjà cette sensation : tu finis toujours avec une maladie incurable après avoir regardé sur Internet pourquoi tu avais mal au ventre, alors qu'en réalité tu n'as absolument rien !).

À SAVOIR : selon les dernières statistiques, entre 75 % et 90 % de toutes les maladies seraient aggravées par des émotions négatives.

Dimanche

Aujourd'hui tu es libre de faire ce que tu veux !

La seule chose que je te demande, c'est de choisir l'un de tes exercices préférés et de le faire pendant dix minutes au minimum au cours de la journée (méditation, visualisation, mantras, affirmations positives, *journaling*, sport, dessin, etc.).

Le soir, prends un moment pour faire le bilan de la semaine et noter tes résultats.

Comment te sens-tu aujourd'hui ?

....

....

....

As-tu vu des améliorations ou des changements dans ta vie ces derniers jours ?

....

....

....

Y a-t-il quelque chose que tu voudrais modifier dans ta routine hebdomadaire ?

....

....

....

Que vas-tu demander à l'Univers la semaine prochaine (le même sujet ou un autre) ?

....

....

....

Quelle technique t'a apporté le plus de résultats ?

....

....

....

Autres :

....

....

....

Maintenant que tu as fait ta première semaine de routine de manifestation, je te rappelle que :

- tu peux adapter les exercices comme bon te semble ;
- tu peux ajouter des choses ou remplacer les techniques qui te plaisent le moins par les techniques qui te plaisent le plus ;
- je te conseille de consacrer au moins trente minutes par jour à cette routine, toutes techniques et tous exercices confondus (trente minutes par jour équivalent à cent quatre-vingt-deux heures par an = cinq semaines de trente-cinq heures).

*En te donnant trente minutes d'amour
et de dévouement par jour, c'est comme si tu prenais
un peu plus de cinq semaines de trente-cinq
heures chaque année pour travailler sur toi !*

Pour finir, je vais te donner une routine de manifestation pour l'amour !

ROUTINE SPÉCIALE AMOUR

Lundi

Au réveil

Pendant cinq minutes : visualise une scène de ton futur dans laquelle tu es en couple. Par exemple : imagine-toi en train de te balader main dans la main en bord de mer avec la personne de tes rêves, en train de dîner aux chandelles dans ton restaurant préféré, ou de partir en voyage ensemble à l'autre bout du monde... Ressens l'excitation et la gratitude à l'idée de passer du temps avec cette personne. Choisis une scène qui te fasse vibrer et efforce-toi de ressentir des émotions élevées comme l'amour ou la joie. Tu peux mettre de la musique ou simplement rester assis ou allongé dans ton lit pour demeurer en ondes Thêta le plus longtemps possible, et ainsi envoyer directement ton scénario au champ quantique.

Pendant la journée

- Dès que tu as un moment qui ne nécessite pas ton attention pleine et consciente, imagine une petite conversation que tu pourrais avoir avec ton âme jumelle. Voici quelques idées de sujets de discussion : un projet commun, vos sentiments réciproques, la chance que vous avez de vous être rencontrés, vos passions communes, vos futures vacances, votre soirée à venir... Sois inventif ! Efforce-toi d'imaginer une conversation construite et n'oublie pas de jouer le jeu à fond en ressentant des émotions puissantes ! N'hésite pas à varier les lieux et les sujets de conversation afin que l'exercice soit agréable. Si tu le fais bien, tu vas te rendre compte que cela te donne de l'énergie positive, et tu vas avoir envie de le faire encore plus souvent. Essaye d'effectuer cet exercice au moins trois fois par jour : quand tu prends ta douche, ou que tu fais la cuisine ou le ménage, par exemple.

- Choisis l'une des activités dont je t'ai parlé dans le chapitre précédent et pratique-la pendant dix minutes au minimum (méditation, visualisation, balade dans la nature, sport, yoga, danse, *breathwork*, musique, jardinage, audios subliminaux, *journaling*, ou n'importe quelle autre activité qui te permette de te sentir en harmonie avec toi-même).

Avant d'aller te coucher

Écris sur un carnet une phrase de remerciement à l'Univers pour la journée que tu viens de vivre. S'il ne s'est rien passé de spécial, tu peux simplement remercier l'Univers pour l'air que tu respires, le fait d'avoir de quoi manger et un endroit où dormir. Parfois, les meilleurs remerciements sont les plus basiques, parce qu'ils nous permettent de relativiser.

IMPORTANT : En amour, **tu ne peux pas visualiser quelqu'un en particulier ni utiliser son nom et son prénom !** Je sais que tu as l'impression que le beau gosse de la compta est fait pour toi, ou que la secrétaire du boss est ton âme jumelle, mais en réalité tu n'en sais rien... L'Univers a peut-être prévu quelqu'un de bien mieux pour toi, donc s'il te plaît, ne fais pas de demande en relation avec quelqu'un de précis. Souviens-toi que **chaque individu a son libre arbitre**. Donc, si tu demandes à être en couple avec quelqu'un et que cela fonctionne, tu vas empiéter sur son libre arbitre, et ce n'est pas une bonne idée (pense à son karma). D'ailleurs, je suis sûre que tu n'aimerais pas que quelqu'un fasse cela avec toi, n'est-ce pas ? Donc **fais la routine que je te propose en imaginant la personne de tes rêves, en essayant de visualiser son regard et surtout l'énergie qui se dégage de cette personne, et laisse faire l'Univers**. Si le monsieur de la compta ou la secrétaire du boss est bel et bien ton âme jumelle, l'Univers fera en sorte que vous soyez ensemble...

> « Ce qui t'est destiné trouvera le moyen de te rejoindre. »
>
> HESTER BROWNE

Mardi

Au réveil

Répète les cinq mantras suivants AVANT DE REGARDER QUOI QUE CE SOIT SUR TON TÉLÉPHONE :

- « Je suis infiniment heureux et reconnaissant maintenant que j'ai rencontré mon âme jumelle ! »
- « Je n'arrive pas à croire que j'ai eu la chance de trouver l'homme/la femme de ma vie ! »
- « Merci du fond du cœur, Univers, de m'avoir permis de vivre une si belle histoire d'amour ! »
- « Jamais je n'aurais pu imaginer que je rencontrerais la personne parfaite pour moi, pourtant c'est bel et bien arrivé ! »
- « Merci, merci, merci du fond de mon âme pour tout cet amour et pour cette vie magnifique ! »

Pendant la journée

- Imprime le symbole du Yin et du Yang ou un cœur, et place-le dans un endroit où tu le verras régulièrement. Tu peux le mettre sur ton tableau de visualisation, dans ta voiture, sur ton frigo, dans ton portefeuille, tu peux même en faire un tableau et l'afficher au beau milieu de ton salon si tu le souhaites !

IMPORTANT : à chaque fois que ton regard croisera ce symbole, je veux qu'un sourire se dessine sur ton visage et que tu dises mentalement « merci » à l'Univers de t'avoir guidé vers ton âme jumelle.

- Choisis l'une des activités dont je t'ai parlé dans le chapitre précédent et pratique-la pendant dix minutes au minimum (méditation, visualisation, balade dans la nature, sport, yoga, danse, *breathwork*, musique, jardinage, audios subliminaux, *journaling*, ou n'importe quelle autre activité qui te permette de te sentir en harmonie avec toi-même).

Avant d'aller te coucher

Pendant cinq minutes au minimum : visualise une scène dans laquelle tu es en couple. Tu peux mettre de la musique ou rester dans le silence, au choix.

Mercredi

Au réveil

Répète les cinq affirmations positives suivantes AVANT DE REGARDER QUOI QUE CE SOIT SUR TON TÉLÉPHONE :

- « Je suis aligné sur la fréquence de l'amour : je suis amour, et tout autour de moi est amour ! »
- « Je sais que je mérite de connaître l'amour véritable et de vivre une histoire sentimentale saine et sincère ! »
- « Je suis béni des dieux et de l'Univers : l'amour coule vers moi tel un torrent ! »
- « Je suis une personne aimante, inspirante et attirante, et je suis digne d'aimer et d'être aimé en retour ! »
- « J'attire à moi l'homme/la femme qui est la meilleure personne pour partager ma vie et me rendre heureux ! »

Pendant la journée

- Si tu ne l'as pas déjà fait, il est temps de créer ton *vision board* ! Retourne au chapitre des techniques de manifestation, et prends le temps de créer un tableau de vision qui t'aidera à garder en tête tous tes objectifs !
- Si tu as déjà fait ton *vision board*, prends quelques minutes pour voir si tu es toujours en accord avec ce que tu as mis. Y a-t-il quelque chose qui s'est déjà réalisé ? Peut-être as-tu envie d'ajouter ou de modifier une image ? Est-ce que ton *vision board* illustre réellement la belle histoire d'amour que tu veux vivre ? As-tu fait un montage photo de toi et de quelqu'un d'autre ? Quel couple as-tu mis en exemple ? Est-ce bien un couple qui représente ce que tu cherches ? Prends ton temps pour vérifier que les images sont bel et bien alignées avec l'histoire d'amour que tu veux vivre, et modifie-les si ce n'est pas le cas. Bonus : tu peux faire ce dessin sur ton *vision board*

pour afficher toutes les qualités que tu souhaiterais trouver chez ton âme jumelle :

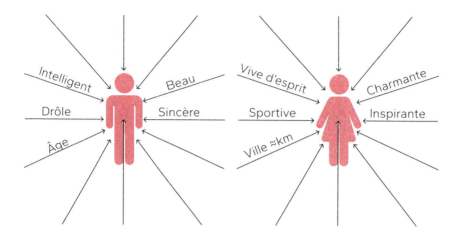

- Choisis l'une des activités dont je t'ai parlé dans le chapitre précédent et pratique-la pendant 10 minutes minimum (méditation, visualisation, balade en nature, sport, yoga, danse, *breathwork*, musique, jardinage, audios subliminaux, journaling, ou n'importe quelle autre activité qui te permette de te sentir en harmonie avec toi-même).

Avant d'aller te coucher

Pendant 5 minutes minimum : mets tes écouteurs et choisis une musique douce ou un bruit blanc (pour les visualisations sur l'amour, n'hésite pas à mettre des musiques romantiques). Imagine qu'une lumière rose vient du ciel et traverse ton corps de haut en bas (depuis le sommet de ton crâne jusqu'à tes pieds). La lumière rose emplit chaque cellule de ton corps d'un amour pur et sincère. Tu sens l'énergie de l'amour couler dans tes veines. Ton cœur se gonfle de joie parce que tu sais et tu sens que tu es sur le point de rencontrer la bonne personne pour toi ! Laisse la lumière rose nettoyer ton corps et le remplir d'amour inconditionnel, de passion et de tendresse. Quand tu as fini de scanner tout ton corps, la lumière repart dans la terre par le bas de tes pieds. Si tu fais un rêve romantique cette nuit, note-le et écris toutes les sensations que tu as ressenties…

Jeudi

Au réveil

Pendant cinq minutes : visualise une scène de ton futur dans laquelle tu expliques à quelqu'un les techniques que tu as utilisées pour trouver ton âme jumelle. Raconte-lui en détail ce que tu as fait, combien de temps cela a duré, comment tu t'es senti, et surtout à quel point tu es heureux et reconnaissant que cela ait fonctionné pour toi ! Efforce-toi de ressentir des émotions élevées comme la joie ou la gratitude. Tu peux mettre de la musique ou simplement rester assis ou allongé dans ton lit pour demeurer en ondes Thêta le plus longtemps possible, et ainsi envoyer directement ton scénario au champ quantique.

Pendant la journée

- Dessine la rune suivante (mélange des runes Wunjo – la joie et l'harmonie – et Gebo – l'échange et le don) en rouge dans la paume de ta main ou sur ton poignet (gauche ou droit, peu importe), et souffle dessus pour l'activer en répétant cette phrase mentalement : « Merci infiniment de me guider vers la personne avec qui je vais vivre une longue histoire d'amour extraordinaire, saine et sincère. »
- Choisis l'une des activités dont je t'ai parlé dans le chapitre précédent et pratique-la pendant dix minutes au minimum (méditation, visualisation, balade dans la nature, sport, yoga, danse, *breathwork*, musique, jardinage, audios subliminaux, *journaling*, ou n'importe quelle autre activité qui te permette de te sentir en harmonie avec toi-même).

Avant d'aller te coucher

Écris sur un carnet une croyance limitante ou une situation négative que tu as vécue en rapport avec l'amour et qui, selon toi, t'empêche de rencontrer la bonne personne. Prends une profonde inspiration et imagine qu'une lumière rouge entre directement dans ton cœur en le gonflant d'amour et d'espoir. Visualise la lumière, ressens-la : prends le temps de voir la couleur rouge emplir ton cœur d'une passion intense ! Tu pensais que tu ne connaîtrais jamais ou plus jamais le vrai grand amour, mais désormais la lumière te prouve le contraire : oui, tu peux être aimé! Oui, tu mérites de vivre une belle histoire d'amour comme dans les films! Ensuite, raye ce que tu as écrit sur ton carnet et prononce à voix haute: « Je pardonne, je libère et je lâche tout ce qui me pesait par rapport à mon passé amoureux, et je suis maintenant prêt à recevoir l'amour de ma vie. Merci, merci, merci. »

Vendredi

Au réveil

- Pendant une minute: essaye d'établir un record de gratitude en remerciant l'Univers et l'énergie divine pour un maximum de choses que tu possèdes dans ta vie. N'oublie pas de les compter pour essayer de battre ton record la semaine suivante!
- Répète les trois mantras suivants:
  - « Merci, mon cœur, d'être ouvert à l'énergie de l'amour! »
  - « Merci, mon subconscient, d'être enfin sur la fréquence de l'amour véritable! »
  - « Merci, mon âme, de m'avoir appris à m'aimer et à me faire passer en priorité! »

Pendant la journée

- Dès que tu as un moment qui ne nécessite pas ton attention pleine et consciente, visualise ta première rencontre avec ton âme jumelle, comme si cela s'était déjà passé et que tu te remémorais la scène. Où es-tu? Quelle heure est-il? Qu'es-tu en train de faire? Comment ton âme jumelle apparaît-elle dans la scène? Imagine chaque détail comme si tu y étais: les couleurs, les odeurs, le toucher, le goût, les bruits qui t'entourent! Essaye de graver tous ces détails dans ta mémoire, et fais cet exercice au moins trois fois dans la journée. Tu peux aussi te souvenir de votre premier baiser ou de votre premier rendez-vous.
- Choisis l'une des activités dont je t'ai parlé dans le chapitre précédent et pratique-la pendant dix minutes au minimum (méditation, visualisation, balade dans la nature, sport, yoga, danse, *breathwork*, musique, jardinage, audios subliminaux, *journaling*, ou n'importe quelle autre activité qui te permette de te sentir en harmonie avec toi-même).

Avant d'aller te coucher

C'est l'heure de faire un rituel ! Choisis l'un des rituels que je t'ai proposés dans le chapitre sur les techniques de manifestation, et fais-le dès ce soir ! Tu peux inventer ton propre rituel si tu le souhaites.

Samedi

Au réveil

Répète les cinq affirmations positives suivantes AVANT DE REGARDER QUOI QUE CE SOIT SUR TON TÉLÉPHONE :

- « Je me sens si beau et attirant depuis que j'ai commencé cette nouvelle routine ! »
- « Je me félicite d'être aussi constant dans ma pratique ! »
- « Je suis tellement excité à l'idée de rencontrer mon âme jumelle aujourd'hui ! »
- « Je savais que j'étais digne de recevoir de l'amour et de me sentir .... ! » (complète par l'adjectif qui te convient le mieux par rapport à ce que tu recherches : préféré, admiré, respecté...)
- « Je suis entouré d'une énergie bienveillante/d'êtres bienveillants qui me guide(nt) vers la personne qui saura me rendre heureux ! » (Choisis la formule qui résonne le plus en toi.)

Pendant la journée

- Comporte-toi toute la journée comme si tu avais déjà rencontré la bonne personne et que vous étiez déjà en couple ! Va te promener en imaginant sa main dans la tienne, visualise cette personne à table avec toi, dans la voiture, dans toutes tes activités de ta journée, et quand vient le soir, va te coucher en imaginant qu'elle est à tes côtés et t'enlace tendrement.
- Choisis l'une des activités dont je t'ai parlé dans le chapitre précédent et pratique-la pendant dix minutes au minimum (méditation, visualisation, balade dans la nature, sport, yoga, danse, *breathwork*, musique, jardinage, audios subliminaux, *journaling*, ou n'importe quelle autre activité qui te permette de te sentir en harmonie avec toi-même).

Avant d'aller te coucher

Pendant dix minutes au minimum : choisis une méditation guidée sur l'amour et pratique-la avec passion !

À SAVOIR : Toutes les activités que je te propose ont deux fonctions. D'une part, tu changes peu à peu tes vibrations et ta fréquence en reprogrammant ton subconscient chaque fois que tu fais un nouvel exercice ! C'est un peu comme si tu montais une nouvelle marche de l'escalier qui te mène à ton objectif. Et d'autre part, tu envoies au champ quantique le scénario de ce que tu souhaites manifester. Autrement dit, tes pensées, tes émotions et tes actions sont alignées (conscient + subconscient + corps) pour manifester la vie de tes rêves, et ce n'est qu'une question de temps avant que cela se matérialise !

Dimanche

Aujourd'hui tu es libre de faire ce que tu veux !

La seule chose que je te demande, c'est de choisir l'un de tes exercices préférés et de le faire pendant dix minutes au minimum au cours de la journée (méditation, visualisation, mantras, affirmations positives, *journaling*, sport, dessin, etc.)

Le soir, prends un moment pour faire le bilan de la semaine et noter tes résultats.

Comment te sens-tu aujourd'hui ?

....

....

....

As-tu vu des améliorations ou des changements dans ta vie ces derniers jours ?

....

....

....

Y a-t-il quelque chose que tu voudrais modifier dans ta routine hebdomadaire ?

....

....

....

Que vas-tu demander à l'Univers la semaine prochaine (le même sujet ou un autre) ?

....

....

....

Quelle technique t'a apporté le plus de résultats ?

....

....

....

Autres :

....

....

....

Témoignages d'abonnés

Bonjour chère Sindy, je vous informe que grâce à la Loi de l'attraction et en suivant vos conseils, j'ai réussi l'examen le plus important de ma carrière la semaine dernière. C'était pour moi inespéré, cela faisait des mois que je le passais… Merci d'être vous, ne changez rien.

Coucou Sindy ! Merci pour ton exercice de Loi de l'attraction concernant mon appartement… Ça a marché !!! Ça a fonctionné !!! J'ai suivi tous tes conseils de A à Z et tout s'est déroulé pour le mieux : j'emménage dans une semaine car les propriétaires sont tombés amoureux de moi.

Merci beaucoup Sindy ! C'est un tel bouleversement dans ma vie d'avoir eu la chance de vous écouter et de suivre vos conseils ! Vous avez changé ma vie, mes points de vue et mes perspectives sur l'avenir. Mon état d'esprit est différent grâce à vos conseils et à votre bienveillance. Je souhaite que l'Univers vous rende au centuple tout le bien et l'espoir que vous transmettez aux autres. Belle journée à vous !

Bonjour ! Je viens pour vous faire un retour sur la technique du 11x1 dont vous nous avez parlé la semaine dernière : pour ma part, j'ai attaqué le dimanche et dès le lundi j'ai eu des résultats. Merci à vous et à l'Univers.

Maintenant que tu as fait ta première semaine de routine de manifestation, sache que :

- tu peux adapter les exercices comme bon te semble ;
- tu peux ajouter des choses ou remplacer les techniques qui te plaisent le moins par les techniques qui te plaisent le plus ;
- je te conseille de consacrer au moins trente minutes par jour à cette routine, toutes techniques et tous exercices confondus (trente minutes par jour équivalent à cent quatre-vingt-deux heures par an = cinq semaines de trente-cinq heures).

En te donnant trente minutes d'amour et de dévouement par jour, c'est comme si tu prenais un peu plus de cinq semaines de trente-cinq heures chaque année pour travailler sur toi !

IMPORTANT : LA PLACE DES ACTIONS DANS LA ROUTINE !

Je n'ai pas insisté sur les actions dans la routine quotidienne car le fait de méditer, visualiser et prendre du temps pour toi est déjà une action en soi, mais tu dois garder en tête que ton objectif est de te sentir à chaque instant dans ta nouvelle vie comme si celle-ci était déjà arrivée ou sur le point de se réaliser…

Voilà pourquoi je te donne quelques idées d'actions supplémentaires au cas où tu voudrais accélérer ta manifestation, mais ce n'est pas une obligation : c'est un bonus qui va provoquer l'effondrement de la fonction d'onde un peu plus rapidement.

- Pour avoir une meilleure santé : faire attention à son hygiène de vie, manger sainement, faire du sport, rire, prendre soin de soi, bien dormir, se faire passer en priorité, éviter le contenu ou les personnes toxiques, se balader dans la nature…
- Pour avoir plus d'abondance financière : trouver un petit job supplémentaire, vendre des choses qui ne servent plus, créer un site en ligne, éviter les achats compulsifs, apprendre à faire fructifier son argent, etc.

- Pour rencontrer l'amour : s'aimer et se respecter soi-même, laisser un tiroir vide dans une commode pour permettre à ton futur partenaire d'y laisser ses affaires, sortir de chez soi pour faire des rencontres (sport, dîner entre amis, exposition, spectacle)…
- Pour acheter/vendre/louer une maison ou un appartement : économiser pour avoir un apport, contacter différentes agences immobilières, faire des visites, en parler autour de soi, regarder les magasins de meubles et de décoration, faire du *home staging*, surfer sur les sites de petites annonces immobilières…
- Pour trouver un nouvel emploi : surfer sur les sites d'offres d'emploi, actualiser son CV, se préparer aux entretiens, obtenir une lettre de recommandation, postuler à plusieurs offres en même temps, en parler autour de soi, contacter des agences d'intérim, envoyer des lettres de candidature spontanée…

En fait, quel que soit l'objectif que tu t'es fixé, agis comme si tu étais sûr et certain que cela va bel et bien se produire. Par conséquent, une fois que ta demande est faite, tu dois te mettre en route avec une foi et une certitude inébranlables !

COMMENT LÂCHER PRISE ?

Bon, alors là je le sais, tu trépignes d'impatience à l'idée de lire ce chapitre ! Je crois que la question que l'on me pose le plus souvent sur les réseaux sociaux, c'est : « COMMENT LÂCHER PRISE ? »

Et la réponse est à la fois simple et compliquée. Simple, parce que lâcher prise c'est « simplement » faire confiance à l'Univers. Et compliquée, parce qu'encore une fois notre cerveau subconscient n'a envie de faire confiance à personne, et surtout pas à quelque chose qu'il ne peut même pas voir avec l'un de ses cinq sens…

Le lâcher-prise entre en jeu une fois que l'on a fait notre demande à l'Univers. En premier lieu, on choisit ce que l'on veut. Ensuite, on fait notre petite routine pour informer le champ quantique de notre souhait. Et enfin, il faut lâcher prise…

Mais quel est le contraire de lâcher prise ?
C'est S'ACCROCHER, S'AGRIPPER,
FORCER, S'ACHARNER…

Des verbes pas très glorieux, n'est-ce pas ? Donc, ce que tu dois comprendre, c'est que, dès que :

- tu forces quelque chose ;
- tu t'accroches à quelqu'un ou à quelque chose ;
- tu t'accroches à la décision de quelqu'un d'autre ;

- tu attends d'obtenir quelque chose pour te sentir bien ;
- tu ressens de la préoccupation en permanence ;
- tu rumines sans cesse les mêmes doutes, les mêmes peurs ;
- tu ressens du stress à cause de quelque chose ou de quelqu'un ;
- tu essayes encore et encore d'obtenir un résultat ;
- tu t'acharnes à vouloir quelque chose ;
- tu te poses 150 000 questions ;
- tu te tortures l'esprit…

BREF : à chaque fois que tu es dans la préoccupation ou l'inquiétude, tu N'ES PAS dans le lâcher-prise. Voici un petit dessin pour t'aider à comprendre comment cela fonctionne : toi, tu es le petit bonhomme. Le champ d'énergie rouge autour, ce sont les vibrations que tu émets quand tu n'es pas dans le lâcher-prise, et cette énergie est comme un bouclier qui empêche tes manifestations d'arriver jusqu'à toi…

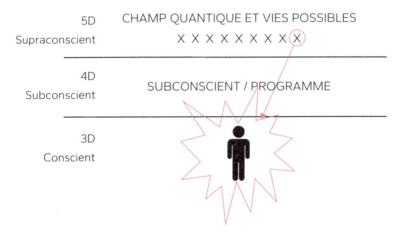

Je vais te raconter une anecdote qui m'a beaucoup aidée à comprendre le lâcher-prise.

En 1984, Oprah Winfrey postula pour jouer le rôle de Sofia dans *La Couleur pourpre* de Steven Spielberg. Elle connaissait le livre par cœur et elle était persuadée que le rôle serait pour elle : elle fit son maximum à l'audition, elle remercia Dieu et l'Univers à l'avance de lui avoir donné le rôle, mais… elle ne fut pas retenue. L'agent en charge du casting lui expliqua que le rôle avait été donné à Alfre Woodard, une autre actrice plus connue à l'époque. Sur le coup, Oprah s'est sentie tellement déçue et en colère qu'elle passa l'après-midi entier à pester et à s'énerver contre Dieu. Pourtant, une fois toutes ses émotions passées, elle se rendit compte que cela ne servait plus à rien de s'énerver, alors elle se mit à remercier l'Univers d'avoir donné le rôle à Alfre, lui souhaitant le meilleur, puis elle récita et chanta une chanson avec amour : *I Surrender All*, qui signifie « j'abandonne tout ». Sans le savoir, elle avait lâché prise et le miracle se produisit : le lendemain, Steven Spielberg en personne la rappela pour lui dire qu'il y avait eu un changement et que le rôle était finalement pour elle…

Oprah aurait pu être en colère toute sa vie à cause de cette histoire. Elle aurait pu choisir de ruminer ce refus pendant des années, haïssant Alfre Woodard et Steven Spielberg en silence, mais elle avait décidé d'accepter la situation. Au lieu de rester coincée dans des émotions négatives, elle avait choisi de transmuter sa colère en gratitude, allant jusqu'à souhaiter le meilleur pour l'actrice qui avait été sélectionnée ! Peu de gens auraient été capables de faire ça, et c'est lorsqu'elle avait cessé de se préoccuper du résultat et de s'y accrocher que le miracle s'était produit, pas avant ! Elle avait accepté la situation et l'avait embrassée avec amour, et l'Univers avait fini par accéder à sa demande en lui donnant le rôle.

Alors, que ce soit bien clair : parfois, toi aussi tu auras droit à un miracle, et parfois le miracle ne se produira pas. On ne peut jamais vraiment savoir pourquoi l'Univers refuse de nous donner quelque chose, mais s'il y a bien une chose dont je suis sûre (après les centaines – et même sans doute les milliers – de témoignages que j'ai pu lire ou entendre au cours de ces dernières années), c'est que l'Univers nous aime profondément. Cette notion d'amour se retrouve dans TOUS les témoignages que j'ai pu étudier, et cette énergie d'amour dans laquelle nous baignons nous veut du bien. Si elle décide de ne pas nous donner ce job, ou cette relation, ou ce déménagement… c'est qu'il y a une bonne raison. D'ailleurs, il suffit que tu regardes dans ton passé pour découvrir une situation qui te semblait catastrophique au début et qui s'est révélée être une bénédiction par la suite, pas vrai ?

Écris ici toutes les situations qui sont passées de «mauvaises» à «merveilleuses» dans ta vie. Exemple: mon mari toxique m'a quittée, et cela m'a permis de rencontrer l'homme de ma vie…

....

....

....

....

....

....

....

Pour conclure, je vais te donner un mantra que tu vas devoir répéter en boucle chaque fois que tu sentiras que les doutes t'assaillent ou que la peur t'envahit. Ça marche! Ce mantra est le suivant:

Je crois en l'énergie, et je sais que quoi qu'il m'arrive, quoi qu'il se passe, c'est pour mon plus grand bien!

Non seulement tu réaffirmes à ton subconscient que tu choisis de croire en la magie de la physique quantique, mais en plus tu envoies une forte vibration au champ quantique en lui disant que tu as confiance en lui et que tu sais que ta manifestation va arriver.

Ne laisse pas tes pensées négatives dicter ta vie, dicte plutôt à ton cerveau le type de pensées que tu acceptes. À force de refuser des pensées négatives en répétant ce mantra, tu vas voir que tes pensées vont naturellement être plus positives et alignées avec ce que tu souhaites consciemment.

L'Univers est comme un parent pour nous, et les parents veulent toujours ce qu'il y a de mieux pour leurs enfants. Donc cesse de douter, cesse d'avoir peur, cesse de te poser des questions, ET LAISSE-TOI SIMPLEMENT PORTER PAR LE FLOW DE L'UNIVERS.

Et chaque fois que tu sens que ton mental se pose des questions, qu'il commence à te dire que la magie n'existe pas, chaque fois que ton côté rationnel reprend le dessus, que quelqu'un te dit quelque chose qui te mine le moral ou que tu reçois une mauvaise nouvelle, répète-toi ce mantra et relis ce livre (n'importe quel passage) pour réaffirmer tes nouvelles croyances !

Rappelle-toi :

Chemins neuronaux actuels
= pensées actuelles
= émotions actuelles
= actions actuelles
= résultats actuels

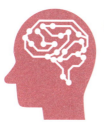

Nouveaux chemins neuronaux
créés grâce à la répétition
= nouvelles pensées
= nouvelles émotions
= nouvelles actions
= nouveaux résultats

Témoignages d'abonnés

Coucou ! Ouahhh, ma paye de ce mois-ci est hallucinante !
J'ai dû avoir une prime sans le savoir ! Je suis super heureuse.
Tes techniques marchent super bien, je reçois plein de
cadeaux de personnes inattendues et j'ai eu une sacrée
paye ce mois-ci qui dépasse toutes mes espérances.

Hier soir j'ai demandé à l'Univers à recevoir de l'argent, et ce soir en
rentrant j'ai eu un chèque de 100 € de l'État dans ma boîte aux lettres.
Je me suis remise aux rituels grâce à tes petites vidéos. Merci Sindy.

Coucou Sindy, ça y est… la belle et magnifique rencontre que j'ai
visualisée et ressentie en faisant ton programme est arrivée à moi,
surprenante et touchante… Je ne peux que me laisser porter,
tellement c'est beau et pur d'amour. C'est une vague d'amour
et de tendresse que je ressens pour lui et avec lui, et je voulais
le partager avec le monde pour dire que « oui, c'est possible,
continuez d'y croire car ça n'arrive pas qu'aux autres » !!!

Coucou Sindy ! Je voulais te dire que j'ai suivi tes conseils
pour manifester un nouveau logement, et je peux te dire
merci infiniment et merci Univers de m'avoir trouvé le
logement qui me correspond. Encore merci pour tout !

QUESTIONS-RÉPONSES

Est-il possible de demander quelque chose pour quelqu'un d'autre ?

OUI, si tu veux demander quelque chose pour ton enfant mineur, et NON, dans tous les autres cas. Même s'il s'agit de quelqu'un de ta famille, cette personne a son libre arbitre et tu n'as pas le droit d'intervenir dans sa vie sans son autorisation. En revanche, si quelqu'un te demande de l'aide et est d'accord pour que tu interviennes dans sa vie, alors tu peux faire tout ce que tu veux pour cette personne : mantras, affirmations, méditations, visualisations, etc.

Est-il possible de demander plusieurs choses à la fois ?

Oui, bien sûr ! L'Univers est illimité, alors pourquoi se limiter soi-même ? Tu peux visualiser plein de choses à la fois, mais si tu es débutant, le risque est que ton énergie et ton attention se dispersent. Or plus tu vas concentrer ton énergie et ton attention sur un seul sujet, plus ce sujet va prendre de l'ampleur dans ta vie. C'est la règle d'or ! L'Univers te renvoie toujours ce sur quoi tu te focalises. Par conséquent, quand tu commences à utiliser la Loi de l'attraction, je te conseille de ne demander qu'une seule chose à la fois. Une fois que tu auras obtenu un premier résultat, alors tu pourras passer au niveau supérieur en demandant autre chose ou en visualisant plusieurs choses en même temps.

Plus je demande quelque chose, plus c'est l'inverse qui se passe. Qu'est-ce que je fais mal ?

Ce n'est pas systématique, mais c'est quelque chose qui peut arriver. J'appelle cela des résistances. Quand tu commences à vouloir changer quelque chose dans ta vie, ton subconscient n'est pas d'accord. Garde toujours en tête que ton subconscient préfère une vie connue, même si tu t'y sens malheureux, plutôt que de se lancer dans l'inconnu. L'inconnu, pour ton subconscient, c'est la mort, et il ne veut pas du tout mourir ! Voilà pourquoi il va lutter contre ta partie consciente en envoyant plein de signaux contradictoires au champ quantique… Imagine un peu la scène : tu décides de demander un nouveau job à l'Univers. Tu te mets à imaginer ton poste idéal, et là ton subconscient se met à flipper : « Mais qu'est-ce qui se passe en ce moment ? Pourquoi cette volonté de changer de travail ? On est très bien là où on est ! J'ai des horaires et des collègues sympas, pourquoi en changerait-on ? Bon, OK, le chef est un gros (biiiiiip) et je ne m'épanouis pas vraiment dans ce que je fais, mais j'ai un salaire à la fin du mois, non ? » Ni une, ni deux, ton subconscient va envoyer au champ quantique des informations pour rester dans ce job, et je te rappelle que ton subconscient dicte 95 % de ce qui se passe dans ta vie ! Dans ce cas précis, dans les premières semaines tu vas manifester un peu tout et n'importe quoi dans ta vie : au début tu vas trouver une offre d'emploi intéressante (produit de ton conscient qui VEUT changer de job), mais finalement ça n'aboutira pas (produit de ton subconscient qui panique et qui NE VEUT PAS DU TOUT changer de job). Arrivé à ce stade-là, il peut se passer deux choses : soit tu te dis que la Loi de l'attraction ne marche pas et tu abandonnes, auquel cas tu reviens à ton ancienne vie et à ton ancienne façon de fonctionner (tu reviens à l'ancien programme et tu laisses ton subconscient dicter ta vie), soit tu prends conscience que les obstacles qui se présentent devant toi sont simplement le résultat de ton subconscient qui veut t'empêcher d'avancer. On appelle ça de l'autosabotage, n'est-ce pas ? Et si tu décides de continuer tes mantras, tes méditations et tes visualisations malgré tout, alors le subconscient finira par abandonner ses anciens schémas pour accepter le nouveau programme que tu veux installer.

Enfin, un dernier détail sur ce point : on ne peut jamais savoir combien de temps cela va prendre avant que le subconscient cesse de nous mettre des bâtons dans les roues. Pour certains, cela va se régler en quelques jours ; pour d'autres, cela va prendre des années, mais en moyenne tu vas avoir besoin d'environ quatre-vingt-dix jours pour obtenir des résultats ou des signes encourageants, alors ne perds pas espoir et montre à ton subconscient que c'est toi qui commandes !

Je n'arrive pas à contrôler mes pensées, comment faire pour y arriver ?

Ah, ça, c'est vraiment l'une des questions que l'on me pose le plus souvent sur mes réseaux sociaux ! Certains ont la croyance erronée que nous devons accueillir nos pensées et les accepter telles qu'elles viennent. Je ne suis pas d'accord là-dessus. L'être humain a environ 60 000 à 70 000 pensées par jour, et la plupart de ces pensées sont négatives. Doit-on, dès lors, accepter que notre cerveau subconscient nous envoie du pessimisme, des doutes et des peurs à longueur de temps ? Moi je dis NON (dis NON toi aussi si tu es d'accord...) ! Ce que nous devons faire, c'est apprendre à ignorer les pensées négatives et à porter toute notre attention sur les pensées positives.
Voici un exemple !
Je suis chez moi en train de faire mes valises pour partir en vacances, quand soudain une pensée négative m'envahit : « Est-ce que j'ai bien répondu au dernier e-mail de ma responsable ? » Plus j'y réfléchis,

moins je suis capable de m'en souvenir, et une sourde angoisse commence à m'envahir. Mon cœur accélère et mes pensées commencent à tourbillonner dans ma tête : « Si je n'ai pas répondu, elle va penser que je suis irresponsable et me faire une scène au retour... Elle va peut-être même en parler au DRH... Je vais me faire virer... Comment vais-je faire pour payer toutes mes factures ? Je vais me retrouver à la rue, etc. »

Comme tu peux le voir, nos pensées ont le chic pour partir dans tous les sens et faire n'importe quoi avec notre esprit. Le pire, c'est que pendant que toutes ces pensées négatives t'envahissent, c'est le programme subconscient qui envoie les informations au champ quantique ! Autrement dit, l'Univers te répondra avec de nouvelles situations qui te feront entrer en panique, alimentant ainsi le cercle vicieux de tes pensées et de ta réalité.

La question est donc : comment pouvons-nous réagir face à ce genre de pensées intrusives ? Eh bien, tu n'as pas le choix : tu vas devoir t'entraîner à les ignorer ! Lorsqu'une pensée négative non rationnelle envahit ton esprit, tu dois t'obliger à l'ignorer en ne focalisant pas ton attention dessus. Là où tu diriges ton attention, tu diriges ton énergie. Par conséquent, tu dois apprendre à laisser passer cette pensée et à en créer une autre consciemment.

Dans notre exemple : lorsque la pensée négative initiale apparaît dans mon esprit, je dois réagir en me disant : « Oui, j'ai sans aucun doute répondu au dernier e-mail de ma responsable. Tout va bien, je peux partir en vacances tranquille. » À partir de là, je peux continuer à faire mes valises sans me provoquer des sueurs froides inutiles. Au pire du pire, je pourrai toujours appeler le bureau lundi matin pour m'assurer que tout est en ordre, mais là encore il faut apprendre à se faire confiance et à ne pas paniquer à la moindre pensée irrationnelle qui apparaît dans notre esprit.

IMPORTANT : au début, tu vas avoir beaucoup de mal à faire cet exercice. Tu te laisseras prendre au jeu du subconscient plus d'une fois avant de parvenir à ignorer tes pensées négatives, mais plus tu vas le faire, plus tu vas y arriver rapidement et sereinement. Tout s'apprend dans la vie : contrôler tes pensées en fait partie.

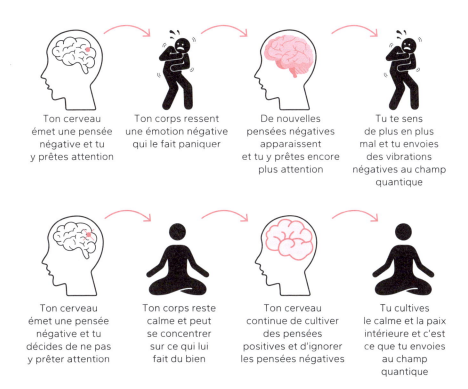

Si je ressens des émotions négatives, est-ce que ça va annuler toutes mes pensées positives ?

Non, et heureusement, car notre mental a tendance à toujours imaginer les pires situations ! Ce n'est pas parce que tu as quelques pensées négatives dans la journée qu'il faut paniquer et croire que tout ton travail n'a servi à rien ! Je te rassure : nous sommes la somme de nos pensées et de nos émotions. Cela signifie que si tu penses positif 80 % du temps, tu as beaucoup plus de chances de manifester du positif !

De plus, je vais te donner un truc et astuce super simple à mettre en place et que tu pourras utiliser à chaque fois que tu ressentiras la peur, le doute, la colère, l'anxiété, ou n'importe quelle autre émotion négative : il suffit de l'accepter...

Regarde le schéma ci-dessous : il s'agit de l'échelle de la conscience selon David Hawkins, un célèbre psychiatre américain. À chaque émotion correspond une vibration. Comme tu peux le voir, l'acceptation permet de maintenir une vibration neutre et de ne pas tomber dans une fréquence négative !

Le but de la pensée positive n'est pas d'ignorer totalement ses émotions, mais plutôt de les accepter et de les vivre à fond afin de les transcender le plus vite possible. Autrement dit, tu as le droit de pleurer, de t'énerver, de te sentir mal, triste ou perdu, mais accepte ces moments difficiles. Ne lutte pas contre ces émotions : accepte-les, cherche des solutions et concentre ton attention et ton énergie sur ce qui te fait du bien. Une fois que les émotions « négatives » auront fait leur travail, tu te sentiras beaucoup plus léger, apaisé, et tu pourras à nouveau ressentir des émotions positives.

L'ÉCHELLE DE HAWKINS

		Niveau	Vibration	Émotion	Processus	Vision de la vie
	Expansion	Illumination	700/1 000	Indicible	Conscience pure	La vie est
		La paix	600	Béatitude	Contribution à l'humanité	Parfaite
		La joie	540	La sérénité	Transfiguration	Complète
		L'amour inconditionnel	500	L'inspiration	Pureté	Bienveillante
		La raison	400	La compréhension	Potentialisation	Sensée
		L'acceptation	350	Le pardon	Élargissement	Harmonieuse
NIVEAU MOYEN DE L'HUMANITÉ		La bonne volonté	310	L'optimisme	Intention	Pleine d'espoir
		La neutralité	250	Le détachement	Lâcher prise	Satisfaisante
		Le courage	200	L'ouverture	Détermination	Possible
	Contraction	L'orgueil	175	Le mépris	Toute puissance	Insatiable
		La colère	150	La haine	Vengeance	Hostile
		L'envie	125	La jalousie	Addiction	Décevante
		La peur	100	L'angoisse	Retrait	Effrayante
		Le chagrin	75	Le regret	Abattement	Tragique
		L'apathie	50	Le désespoir	Renonciation	Sans espoir
		La culpabilité	30	Le blâme	Destruction	Malveillante
		La honte	20	L'humiliation	Inexistence	Misérable

Témoignages d'abonnés

Merci ma Sindy, j'ai rencontré mon âme jumelle
et je suis dans une abondance amicale incroyable.

Coucou Sindy, depuis que je t'ai rencontrée sur les réseaux sociaux,
ma vie a changé et je reçois tous les jours l'abondance financière
sous toutes ses formes. Tout ça grâce à toi, car tu m'as ouvert
les yeux, et maintenant je crois en l'Univers et en mon ange gardien.
Tu es mon mentor et je ne passe pas une journée sans te regarder.
Merci pour ta bienveillance, ton courage et ta gentillesse.

Sindy !!! Je viens d'avoir une promotion et…
une augmentation de 300 € ! Objectif rempli avant les trois mois !
Merci tellement l'Univers, et merci à toi de si bien nous faire
ressentir tout ça et de nous donner les bonnes clés.

Depuis que je te suis, ma vie est plus légère et positive.
J'attire à moi beaucoup de mes souhaits, et même parfois
plus que ce à quoi j'avais pensé ! Merci, tu es un ange…

Loi de l'attraction testée et approuvée : j'ai trouvé ma maison en
quinze jours et avec 13 critères cochés sur 15. Je suis tellement
heureuse. Je remercie l'Univers pour ce beau cadeau.

Je n'arrive pas à ressentir de la gratitude parce que ma vie actuelle n'est pas celle dont je rêve. Que dois-je faire ?

La gratitude est L'ÉMOTION DE BASE que tu vas devoir apprendre à ressentir si tu veux manifester quelque chose dans ta vie. L'Univers te renvoie ce que tu émets ; par conséquent, si tu n'es jamais satisfait de ta vie, il va t'envoyer de nouvelles raisons de ressentir cette insatisfaction. Oui, c'est dur de ressentir des émotions positives alors que la situation dans laquelle tu te trouves est difficile, mais rappelle-toi que ta situation actuelle n'est que le reflet de tes pensées passées. Si tu changes tes pensées aujourd'hui, demain sera différent. Tu dois trouver la force en toi pour t'imaginer un meilleur avenir et le ressentir dès à présent. Souviens-toi du schéma avec le champ quantique : si tu veux provoquer un effondrement de la fonction d'onde, tu dois mettre ton attention et ton énergie sur la vie que tu souhaites manifester, pas sur ta vie actuelle. Dans un premier temps, si tu as vraiment du mal à ressentir de la gratitude, fais cet exercice : mets des écouteurs et lance une playlist de musique classique (type *Les Quatre Saisons* de Vivaldi). Ensuite, réfléchis à ta vie actuelle et trouve trois raisons pour lesquelles tu aurais envie de dire merci. Enfin, concentre-toi sur ces trois raisons pendant que tu écoutes ta playlist. Si tu joues vraiment le jeu, il se pourrait bien que tu te mettes à pleurer de gratitude...

Comment puis-je savoir si je suis sur la bonne voie ?

Si tu suis la routine de manifestation que je t'ai concoctée, tu devrais commencer à recevoir des signes de l'Univers très rapidement. Ces signes sont multiples et variés, mais en général on les retrouve sous ces grandes catégories : plumes ; formes de cœur ; pièces de monnaie ; messages dans les chansons, dans les livres, à la télévision, à la radio ou sur les réseaux sociaux ; séries de chiffres ; heures miroirs ; rêves ; papillons... De manière plus générale, sache que si quelque chose te parle ou si quelqu'un te dit quelque chose qui résonne en toi, c'est un message qui t'est destiné. Nos guides (le champ quantique, Dieu, l'Univers... : donne-lui le nom qui te convient) trouvent toujours le moyen de communiquer avec nous, pour peu qu'on leur prête un minimum d'attention.

J'ai eu un premier résultat avec la Loi de l'attraction mais j'aimerais bien en demander plus, est-ce que je peux ?

Mais ouiiiii, bien sûr que tu peux en demander plus ! L'être humain a la fâcheuse tendance de se sentir coupable dès qu'il lui arrive quelque chose de bien ! En effet, nous avons hérité d'une culture multimillénaire qui a menacé de nous envoyer tout droit en enfer si nous osions profiter de la vie, et ces croyances limitantes sont tellement ancrées dans notre subconscient qu'il nous faut maintenant les désapprendre. Finies la culpabilité et l'autoflagellation ! Oui, nous avons le droit au bonheur et à l'abondance ! Plus tu te répèteras ces nouvelles croyances, plus tu pourras renouer avec le champ quantique qui ne demande qu'à te bénir avec une abondance illimitée de joie, de santé, d'argent et d'amour.

Je fais tout ce qu'il faut, mais je ne vois toujours pas de résultats. Pourquoi ?

C'est toujours difficile de déterminer ce qui bloque une manifestation : est-ce une croyance limitante profondément ancrée dans ton subconscient que tu n'as pas encore réussi à reprogrammer ? Est-ce qu'il s'agit d'un manque de lâcher-prise ? Est-ce que tu as vraiment suivi la routine chaque jour, sans en oublier un seul ? Est-ce que tes actions sont alignées avec tes demandes ? Quoi qu'il en soit, dans ces cas-là, réduis ta routine à cinq minutes par jour pendant une ou deux semaines. Fais le strict minimum afin de penser à autre chose et te détacher du résultat, et n'oublie pas ton mantra favori !

> *Je crois en l'énergie, et je sais que quoi qu'il m'arrive, quoi qu'il se passe, c'est pour mon plus grand bien !*

Y a-t-il d'autres trucs et astuces à connaître pour bien faire fonctionner la Loi de l'attraction ?

Eh bien, c'est ce que je m'efforce de t'apporter au quotidien sur mes réseaux sociaux, car oui, on peut toujours trouver des petites astuces supplémentaires pour augmenter notre croyance et pénétrer encore plus dans notre subconscient. Par exemple :

- **Tu peux jouer avec les images et les audios subliminaux**: par définition, on dit de quelque chose qu'il est subliminal lorsqu'il pénètre directement dans le subconscient. En général, c'est quelque chose qui nous impacte fortement ou que l'on a entendu de nombreuses fois (comme les pubs, par exemple). Voilà pourquoi tu peux coller des images un peu partout chez toi pour que ton subconscient s'habitue à cette nouvelle notion. Choisis des images qui te rappellent ton objectif, puis cache-les dans la décoration ou colle-les sur ton frigo et/ou ton ordinateur. Tu peux aussi écouter des audios subliminaux avec des affirmations positives le soir avant de t'endormir.
- Dans le même ordre d'idée, **tu peux acheter des blocs-notes en forme de billets** et les mettre sur ton tableau de visualisation ou dans ton portefeuille.
- **Change ton fond d'écran régulièrement** et choisis des images qui représentent ton objectif principal afin de pénétrer dans ton subconscient chaque fois que tu utilises ton ordinateur ou prends ton téléphone.
- **Utilise les couleurs** pour changer ta vibration: choisis un portefeuille de couleur vive, porte des vêtements qui te font vibrer et qui te donnent envie d'atteindre tes rêves chaque jour, et fais attention à la décoration de ta maison, car chaque couleur a une signification et impacte ton énergie d'une façon ou d'une autre.
- **N'oublie pas que la vie est un jeu!** Il suffit d'observer un enfant pour se rendre compte que la vie est pleine de surprises et qu'elle peut nous émerveiller à tout instant. Si tu as des enfants, tu as déjà dû voir comme ils se lèvent chaque matin en sautant de joie, **comme s'ils allaient vivre la meilleure journée de leur vie!** À partir de maintenant, pense à faire comme eux et à renouer avec ton enfant intérieur. Au début tu auras un peu de mal à retrouver cette joie de vivre innée, mais au fur et à mesure de ta pratique, tu te rendras compte que c'est de plus en plus facile de te dire: «Quelle belle surprise me réserve la vie aujourd'hui? Quelle bonne nouvelle vais-je recevoir au cours de la journée?» Non seulement tu te lèveras avec le sourire, mais en plus tu changeras peu à peu ta fréquence vibratoire! Et plus tu feras cet exercice, plus le champ quantique te répondra en t'envoyant de nouvelles opportunités de t'émerveiller comme un enfant...
- **Teste le champ quantique!** Ça, c'est un exercice que j'adore! Il s'agit de jouer avec la 3D et de visualiser une situation avant qu'elle ne se produise. Par exemple: lorsque je reçois une notification sur mon téléphone, j'imagine quel mail ou quelle notification je voudrais recevoir AVANT de regarder l'écran (par exemple, j'imagine que c'est une

notification de ma banque pour me dire que j'ai reçu un virement inattendu de 5 000 €). Lorsque quelqu'un m'appelle, j'imagine quel appel je voudrais recevoir AVANT de regarder le nom de mon interlocuteur (par exemple, j'imagine que c'est Beyoncé qui m'appelle pour m'inviter à un concert privé). Tu saisis le concept ? Quand tu reçois une lettre, imagine son contenu AVANT de l'ouvrir ! Quand quelqu'un sonne à ta porte, imagine que c'est quelqu'un d'important dans ton domaine qui veut t'inviter à une conférence, un événement, etc. Avec ce jeu, les possibilités sont infinies, ce qui te permet de changer peu à peu ta vibration pour t'adapter à la fréquence de ton objectif.

- Évite la négativité : tout ce que tu vas mettre dans ton esprit va germer… Si tu sèmes des graines d'optimisme, tu vas récolter de l'optimisme. Si tu sèmes des graines de pessimisme, tu vas récolter encore plus de raisons d'être pessimiste. Alors oui, c'est vrai : il faut se tenir au courant de ce qui se passe dans le monde, mais tu peux faire le tour des actualités en deux minutes chaque matin : pas besoin d'y passer dix, vingt, trente minutes, ou pire : des heures entières ! Plus tu vas mettre des mauvaises nouvelles dans ton esprit, plus tu vas baisser ta vibration ! Donc vérifie chaque matin que ce n'est pas la fin du monde, et si ce n'est pas le cas, utilise toute ton énergie et toute ton attention pour te focaliser sur tes objectifs et ainsi te rapprocher de tes rêves !

- Sors de ta zone de confort ! J'ai entendu parler de ce concept lorsque je travaillais encore pour la multinationale dont je t'ai parlé au début de ce livre. Lors d'une formation, les managers nous ont expliqué que les meilleures idées naissent dans notre esprit lorsque nous sortons de notre zone de confort, c'est-à-dire notre zone connue, notre routine familière. En faisant cela, nous forçons notre cerveau subconscient à se taire et à s'adapter à ce que nous voulons consciemment. Nous reprenons notre pouvoir personnel et nous ne laissons plus le subconscient dicter nos actions. Nous laissons de nouvelles possibilités entrer dans notre esprit, et ces nouvelles possibilités nous permettent de rêver plus grand et de nous autoriser à croire à ce qui semblait impossible jusque-là. Je te donne mon exemple : lorsque j'étais en couple avec mon ex toxique, je ne m'étais jamais autorisée à imaginer ce que serait ma vie si je me séparais de lui. J'avais un blocage énorme dû au divorce de mes parents et je refusais inconsciemment de faire vivre la même chose à mes enfants. Je suis donc restée dans ma zone de confort pendant dix-sept longues années. C'était pourtant très inconfortable, certes, mais mon subconscient préférait un avenir connu malheureux plutôt qu'un avenir inconnu! En revanche, lorsque j'ai enfin pris conscience que j'étais dans une relation toxique, je me suis posé la fameuse question: «Que se passerait-il si je le quittais?» Et là, tout s'est passé très vite: je suis entrée dans ma zone de magie et en moins d'une semaine, tout était fini entre lui et moi. Quand tu commences à te poser la question: «QUE SE PASSERAIT-IL SI J'OSAIS FAIRE CECI OU CELA...?», tu entres automatiquement dans la zone de magie.

SORTIR DE SA ZONE DE CONFORT POUR ATTEINDRE LA ZONE DE CROISSANCE

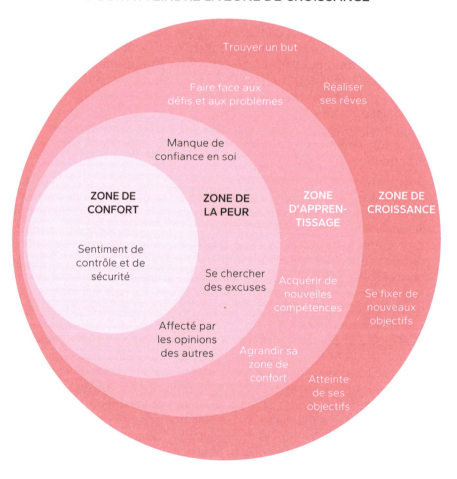

Maintenant que tu connais tous les trucs et astuces sur la Loi de l'attraction, tu vas devoir la mettre en application, et il y a une chose que je te demande de faire IM-PÉ-RA-TI-VE-MENT : tu vas devoir noter tous tes résultats, même les plus petits !

Si tu as visualisé que quelqu'un t'offrait un café et que cela arrive bel et bien : NOTE-LE ! Si tu médites pour obtenir un nouveau job et que celui-ci se manifeste rapidement : NOTE-LE ! Si tu fais un rituel pour vendre ta maison et qu'un acheteur se présente comme par hasard la semaine suivante : NOTE-LE !

Cela te permettra de renforcer tes nouvelles croyances et tes nouvelles connaissances sur la Loi de l'attraction.

Note tous tes résultats ici et relis-les régulièrement :

....

....

....

....

....

....

....

....

....

....

....

CONCLUSION

Ma belle âme éveillée, te voilà arrivée à la fin de ce manuel sur la Loi de l'attraction, et pour t'aider à l'utiliser correctement et à obtenir enfin des résultats dans ta vie, j'ai créé pour toi ce petit résumé qui va te permettre de retrouver toutes les grandes notions en un seul coup d'œil !

- Les 14 lois universelles régissent l'Univers et nous indiquent que le monde est composé d'énergie et de vibrations. Les vibrations qui sont sur une même fréquence s'attirent entre elles.
- La physique quantique nous explique que l'énergie universelle forme un champ quantique qui se matérialise dans notre vie en fonction de la personne qui l'observe. Nous sommes les observateurs de notre vie, mais notre subconscient fonctionne comme un programme 95 % du temps et nous empêche de matérialiser ce que nous voulons consciemment.
- Pour reprogrammer notre subconscient et envoyer la vision de notre vie idéale au champ quantique, nous devons utiliser la répétition quotidienne de nouvelles croyances.
- En utilisant les routines de manifestation que j'ai créées pour toi, tu vas pouvoir obtenir des résultats rapidement et facilement, mais n'oublie pas de lâcher prise en te disant : « Je crois en l'énergie, et je sais que quoi qu'il m'arrive, quoi qu'il se passe, c'est pour mon plus grand bien ! »

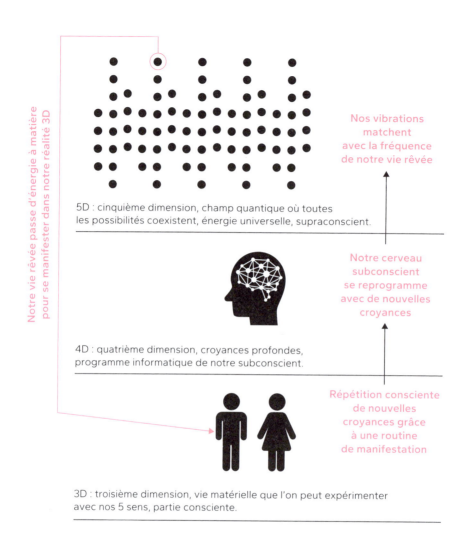

Enfin, sache que le but de la Loi de l'attraction est que tu sois si intimement convaincu de ton pouvoir divin que tu n'aies même plus besoin d'utiliser la répétition pour obtenir quelque chose. Lorsque tu auras obtenu des dizaines, voire des centaines de résultats, je peux t'assurer que tu n'auras plus aucun doute sur l'efficacité de la Loi de l'attraction : il te suffira de visualiser quelque chose pour le matérialiser rapidement, car ton subconscient sera reprogrammé pour croire en la magie et il enverra directement les bonnes informations au champ quantique !

Ne me crois pas sur parole : expérimente-le, et reviens me voir sur mes réseaux sociaux pour me raconter tes magnifiques résultats !!!

Tu mérites de vivre une vie grandiose, magique et exceptionnelle : ne laisse jamais personne te dire le contraire.

> « L'Univers nous aide toujours à nous battre pour nos rêves, si bêtes qu'ils puissent paraître. Parce que ce sont nos rêves et que nous sommes seuls à savoir combien il nous a coûté de les rêver. »
>
> PAULO COELHO

REMERCIEMENTS

Ma petite âme éveillée, c'est à toi que j'ai envie de dire merci ! Merci de me suivre chaque jour et de me donner la possibilité de vivre de mes passions : la spiritualité et la Loi de l'attraction Merci de me soutenir avec tes messages d'amour et tes résultats incroyables qui m'encouragent à améliorer encore plus mon contenu pour t'aider au quotidien ! Et merci d'avoir acheté ce livre, parce que sans toi il n'existerait même pas.

Merci aussi à l'Univers, à mon ange gardien et à mes guides qui ont su m'aider et m'envoyer les bonnes personnes et les bonnes opportunités au bon moment (lorsque je vivais les pires moments de ma vie...). Je sais que chaque épreuve m'a rendue plus forte, et chaque réussite, plus sage.

Merci à ma famille qui me soutient quoi qu'il arrive et quelles que soient mes décisions. Je réalise la chance incroyable que j'ai de vous avoir dans cette incarnation, et vous savez à quel point je vous aime .

À ma *best friend* : merci de m'avoir trouvée, la vie ne serait pas du tout la même sans toi.

À tous, je souhaite une belle lecture et un bel apprentissage de la Loi de l'attraction, et n'oubliez pas : le plus important dans la vie et l'Univers, c'est l'Amour...

Sur tous les réseaux, retrouvez-moi sous le pseudo @eveil_spirituel

@eveil_spirituel

MÉDIAGRAPHIE ADDITIONNELLE

Livres

La conscience est la seule réalité, de Neville Goddard
Réfléchissez et devenez riche, de Napoleon Hill
Vous êtes né riche, de Bob Proctor
La Route du succès, d'Andrew Carnegie
Rompre avec soi-même, de Joe Dispenza
Le placebo, c'est vous!, de Joe Dispenza
Le Secret, de Rhonda Byrne
Changez vos pensées, changez votre vie, de Wayne Dyer
Transformez votre vie, de Louise Hay
Père riche, père pauvre, de Robert Kiyosaki
L'Effet cumulé. Décuplez votre réussite!, de Darren Hardy
La Voix de ton âme, de Lain Garcia Calvo
La mort n'existe pas, de Stéphane Allix

Documentaires/films

Tistrya, Olivier Chambon : « États élargis de conscience »
https://www.youtube.com/watch?v=IBndbvIM3ig&list=PLnq6hJz-bF82pvffYdFRdYmljak_NUkTmg&index=160

TEDx Talks, Youssef Cherkaoui : « Le Pouvoir de l'énergie »
https://www.youtube.com/watch?v=dEp9y-jBA8Y&list=PLnq6hJz-bF82pvffYdFRdYmljak_NUkTmg&index=154

Sudehy : magnifique métaphore sur l'âme
https://www.youtube.com/watch?v=Tl9Hvn9vRYo&list=PLnq6hJz-bF82pvffYdFRdYmljak_NUkTmg&index=70

David Laroche : « Voici pourquoi DISCIPLINE = SUCCÈS ! »
https://www.youtube.com/watch?v=cODzGYCISYQ&list=PLnq6hJz-bF82pvffYdFRdYmljak_NUkTmg&index=199

La Télé de Lilou Macé : « Retrouver la plénitude et devenir cocréateur de sa vie – Thomas d'Ansembourg »
https://www.youtube.com/watch?v=WLmJ-ObfseQ&list=PL-nq6hJzbF82pvffYdFRdYmljak_NUkTmg&index=66

« OSE ! le documentaire »
https://www.youtube.com/watch?v=0u0obwAgmIM&list=PL-nq6hJzbF82pvffYdFRdYmljak_NUkTmg&index=197

Tistrya, Nassim Haramein : « L'Intelligence de l'Univers »
https://www.youtube.com/watch?v=qN1ZaFtIBuI&list=PLnq6hJz-bF82pvffYdFRdYmljak_NUkTmg&index=34

pca
cmb
édition pré-presse
livres numériques

44400 Rezé

Achevé d'imprimer en janvier 2025
sur les presses de la Nouvelle Imprimerie Laballery
58500 Clamecy
Dépôt légal : janvier 2025
Numéro d'impression : 412625

Imprimé en France

La Nouvelle Imprimerie Laballery est titulaire de la marque Imprim'Vert®